Marco **Colombo** • Giovanni **Lucchetti**

Prove
Nazionali

Scuola Secondaria di Primo Grado

Italiano

EDIZIONE 2021

La Spiga
EDIZIONI

Marco Colombo - Giovanni Lucchetti
Prove nazionali Italiano.
Responsabile editoriale: Beatrice Loreti
Art director: Marco Mercatali
Responsabile di produzione: Francesco Capitano
Impaginazione: Davide Elisei
Copertina: Curvilinee
Foto: Shutterstock, Archivio La Spiga Edizioni

Via Brecce, 100 – Loreto
info@elilaspigaedizioni.it
www.elilaspigaedizioni.it

Stampato in Italia presso Tecnostampa
Pigini Group Printing Division - Loreto - Trevi
20.83.300.0
ISBN 978-88-468-4145-2

Il volume è composto da:

Sezione verde: PROVE UFFICIALI GUIDATE

Tre prove complete guidate: attività di conoscenza dei testi e delle domande dell'INVALSI con specifici consigli per la soluzione dei quesiti. Le prove di questa sezione consentono all'alunno di approcciare le Prove Nazionali con l'ausilio di un aiuto ragionato alla soluzione di ogni singolo quesito.

Sezione azzurra: VERSO LA META Prove propedeutiche

Otto prove propedeutiche strutturate a partire dal modello della nuova prova INVALSI per avvicinarsi alle diverse tipologie testuali previste, facendoti prendere confidenza con i linguaggi e le caratteristiche di ognuna. Sono state esplorate **tutte le tipologie testuali** presenti nelle Prove nazionali: testi narrativi, descrittivi, espositivi, descrittivi, regolativi, non continui. Inoltre sono state previste apposite sezioni di Lessico e Riflessione sulla lingua.
La scelta dei testi ha privilegiato tematiche relative all'**Educazione civica** (educazione alla cittadinanza digitale, educazione ambientale, educazione stradale, educazione alla salute, educazione alla cittadinanza attiva, educazione alla legalità).

Tutte le prove sono state pensate a partire da un'attenta analisi degli esempi ufficiali di prove resi pubblici sul sito web dell'Invalsi nonché da una scrupolosa disamina delle indicazioni operative ufficiali fornite dall'Istituto stesso nel tentativo di aiutarti a conoscere il più possibile il lessico e le tipologie utilizzate.

DIDATTICA DIGITALE INTEGRATA

Materiali disponibili online sul sito della casa editrice:
- **Verso l'esame di Stato (attività di preparazione alle prove d'esame).**
  La prova scritta di italiano (breve trattazione sulle tipologie A, B, C e traccia mista).
  Tracce per l'esame con brevi suggerimenti.
  Cinque mappe per il colloquio orale interdisciplinare con breve introduzione.
- **File audio mp3 dei brani proposti in ogni prova.**
- **Approfondimenti grammaticali e ulteriori prove.**

Per familiarizzare con le prove *computer based*, le prove inserite in questo volume sono disponibili anche sul libro digitale in versione interattiva.

LE COMPETENZE RICHIESTE DALLA PROVA INVALSI

Le prove INVALSI verificano competenze che dovresti aver acquisito nel corso del triennio.

Competenze testuali

Comprensione locale e globale: individuare e comprendere informazioni esplicite o implicite e cogliere il significato locale o globale di un testo.

Interpretazione e valutazione: interpretare e valutare l'intenzione comunicativa del suo autore sulla base dell'analisi approfondita di un testo (forma e/o contenuto) e delle conoscenze personali.

Organizzazione logica entro e oltre la frase: cogliere gli elementi che caratterizzano l'organizzazione logica del testo.

Lessico
Riflessione sulla lingua
Ortografia
Punteggiatura

Morfologia e formazione delle parole (analisi grammaticale)
Sintassi della frase semplice (analisi logica)
Sintassi della frase complessa (analisi del periodo)

Indice

Testo A

La scarsità dell'acqua

L'acqua è una risorsa naturale indispensabile per tutte le forme di vita e ricopre per oltre 2/3 la superficie terrestre. Tuttavia appena il 2,5% delle risorse idriche è costituito da acqua dolce, che è per lo più immobilizzata nei ghiacci polari e in quelli delle montagne e quindi solo in piccola parte è disponibile per la popolazione umana nelle falde sotterranee e nei fiumi. Sarebbe una quantità teoricamente sufficiente per tutta la popolazione del pianeta, ma oggi l'acqua in realtà è una risorsa sempre più scarsa. Infatti il consumo idrico mondiale aumenta sempre di più (di oltre 10 volte nell'ultimo secolo) e soprattutto sono esplosi i problemi dello sperpero e dell'inquinamento dell'acqua causati da: attività industriali, uso di sostanze chimiche in agricoltura, incremento della popolazione e delle città, crescente produzione di rifiuti e scarichi fognari.

Oggi circa 2 miliardi di persone vivono in paesi con problemi di approvvigionamento d'acqua: in 26 paesi africani e mediorientali, dove abitano 230 milioni di persone, scarseggia l'acqua. Entro vent'anni si prevede che altri 25 paesi (alcuni dei quali europei) saranno nelle stesse condizioni. Attualmente il consumo medio per ogni abitante del globo è di 800 metri cubi l'anno. In realtà vi sono enormi differenze tra i consumi delle popolazioni dei paesi ricchi e quelli dei paesi poveri: uno statunitense consuma 600 litri di acqua al giorno, un europeo 300 e un africano solo 20. Più che alle differenti condizioni ambientali, dunque, l'ineguale consumo di acqua è legato al grado di ricchezza e allo stile di vita. Nei paesi arretrati oltre 1 miliardo e 400 milioni di persone, infatti, non ha accesso all'acqua potabile e oltre 2 miliardi e 400 milioni non hanno i servizi sanitari in casa.

In molti paesi poveri, inoltre, dove le risorse idriche sono gestite da grandi imprese multinazionali, l'acqua potabile è sempre più costosa e sta diventando un bene per pochi privilegiati. Si prevede quindi che nei prossimi decenni il calo di disponibilità di acqua e la tendenza a trasformarla in "oro blu", cioè merce molto costosa, farà aumentare, specie nelle aree meno sviluppate del pianeta, i contrasti sociali e i conflitti armati. A fronte di questa situazione problematica, nel 2002 il Comitato dei diritti umani, civili e sociali dell'ONU ha affermato che l'accesso all'acqua è un diritto umano universale.

Figura 1: areogrammi che raffigurano destinazioni d'uso dell'acqua nel mondo e in alcuni paesi.

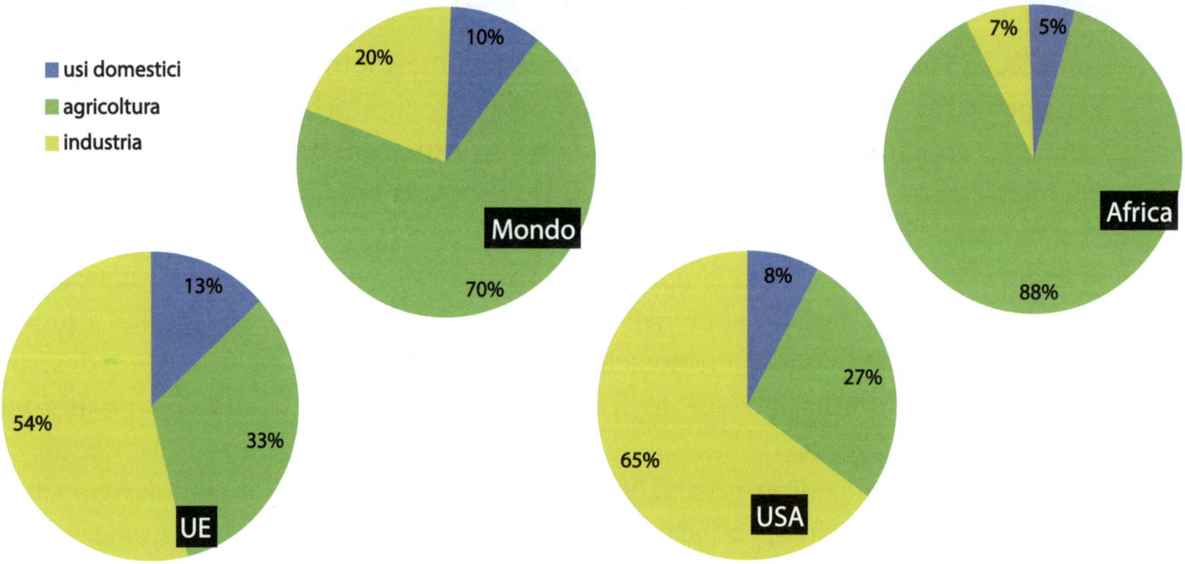

Figura 2: diagramma sull'aumento del prelievo mondiale d'acqua nel Novecento (m^3 per anno)

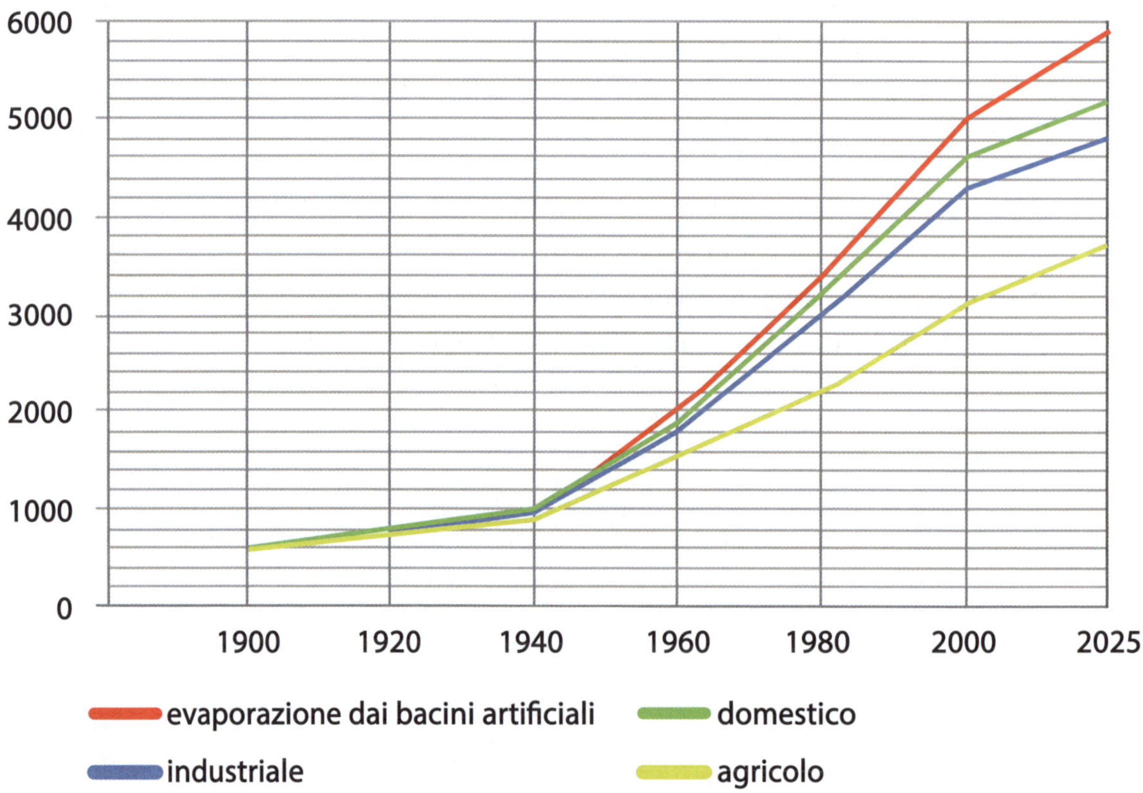

A1. Le acque dolci rappresentano

A. ☐ i 2/3 della superficie della Terra
B. ☐ il 2,5% del totale delle acque
C. ☐ il 66% circa del totale delle acque
D. ☐ 1/3 della superficie della Terra

1. AIUTO
Il quesito ti invita a considerare non tanto l'insieme delle acque presenti sulla terra, ma soltanto quelle dolci.

A2. Qual è la causa principale delle differenze nel consumo di acqua tra i vari paesi del mondo?

A. ☐ Le diverse condizioni ambientali
B. ☐ I modi di vivere e il grado di sviluppo economico
C. ☐ L'inquinamento delle acque che le rende non potabili
D. ☐ Le diverse abitudini igieniche

2. AIUTO
Il testo offre due dati interessanti: il consumo di acqua di un americano e di un africano. In generale, cosa differenzia maggiormente la vita di questi due individui?

A3. Dove si trova l'acqua dolce disponibile per il consumo umano?

A. ☐ Nei ghiacciai delle montagne
B. ☐ Nelle zone polari
C. ☐ Nei corsi d'acqua e nelle falde acquifere
D. ☐ Nei bacini artificiali

3. AIUTO
Presta attenzione all'aggettivo "disponibile" che trovi nel quesito. Tutte le opzioni di risposta riguardano l'acqua dolce, ma non tutte dicono di risorse effettivamente disponibili, ovvero facilmente sfruttabili dall'uomo.

A4. Nei prossimi decenni, quanti saranno, presumibilmente, i paesi che dovranno affrontare il problema della scarsità d'acqua?

A. ☐ 26
B. ☐ 25
C. ☐ 51
D. ☐ 230

4. AIUTO
Per evitare di rispondere frettolosamente alla domanda, è necessario fare un breve ragionamento. Il testo del quesito fa riferimento al futuro e al numero di paesi che dovranno affrontare il problema della scarsità dell'acqua. Fai attenzione: nel conto generale bisogna includere anche i paesi che già oggi soffrono di questo problema, perché si presume che in futuro ne soffriranno ancora.

Testo B

Il Balordo

Idee politiche il maestro Bordigoni si procurava il piacere di non averne; e se ne aveva, si negava il piacere di manifestarle.

Il fascismo a quei tempi badava solo a crescere e a fortificarsi; più tardi, verso il '28 o il '29, diventato esigente, si accorse del Bordigoni. Il maestro Cometta, fiduciario dell'Opera nazionale Balilla, un giorno lo avvicinò e cercò di fargli capire che il nuovo clima in cui doveva crescere la gioventù italiana esigeva dagli insegnanti una partecipazione attiva nel formare anche i più piccoli all'amore e alla devozione verso la patria fascista.

Il Bordigoni ascoltò, ora fissando attraverso le lenti il piccolo Cometta, ora guardandosi intorno con il suo sguardo che non vedeva nulla e sembrava rimandato indietro dalla concavità delle lenti a illuminargli la fronte. Ascoltò e non rispose.

Dopo qualche mese il Cometta lo condusse dal professor Bistoletti, fiduciario del partito per la classe insegnante, perché l'esortazione si trasformasse in un ordine perentorio. Il Bistoletti se ne lavò le mani e lo rinviò al segretario politico. Il segretario politico, che era alto quanto il Bordigoni ma molto più giovane e magro come un chiodo, quando se lo vide davanti lo prese in simpatia e gli parlò bonariamente, mettendogli le mani sulle spalle e avvicinandolo fino a sfiorargli la pancia. "Camerata Bordigoni" gli disse "tu sei dei nostri. E lavorerai con noi, non solo nella scuola, ma anche fuori. Domenica ti voglio qui in sede. Per me sei già iscritto al Partito".

Ma il Bordigoni la domenica dopo dimenticò di andare in sede e a scuola non gli venne mai in mente di parlare del fascismo che probabilmente non sapeva neppure cosa fosse di preciso.

Finirono col dimenticarsi di lui. Il segretario politico si giustificò dicendo che il Bordigoni, in divisa e camicia nera, sarebbe stato ridicolo e avrebbe dato un'idea sbagliata del fascismo che era una cosa dinamica, agile e soprattutto giovane.

In verità sarebbe stato una caricatura; e fu la sua mole a salvarlo dai cortei, dai saluti romani, dagli alalà e dalle altre prescrizioni di quegli anni.

Con tutta la libertà di cui disponeva, e col tempo che la scuola gli lasciava per molte ore del giorno e per tutti i mesi dell'estate, Anselmo Bordigoni poteva coltivare i suoi piaceri e incrementare i suoi guadagni mettendo a profitto due profonde conoscenze connaturate alla sua personalità: la pesca e la musica.

La pesca per lui era forse più un riposo e un capriccio che un espediente per integrare il suo salario di maestro elementare. Gli rendeva sì e no in un anno una cinquantina di pasti a base di agoni, persici e alborelle. La musica, invece, oltre ad essere la sua grande passione, gli serviva come mezzo di sussistenza.

Dava lezione di qualunque strumento, generalmente di flauto, di clarinetto o di cornetta a operai o barbieri con buona inclinazione, e di pianoforte a qualche figlio di famiglia. Le sue lezioni erano una o due al giorno; e le impartiva sul tardi, a pesca finita, diffondendo sulla chioma degli ippocastani, dalla finestra aperta, le note del piano o del clarinetto.

Dopo cena, alle otto in punto, andava a sedersi al pianoforte del Cinema Tiraboschi, sotto il bianco telone, con la schiena rivolta al pubblico. Attaccava subito a suonare mentre la gente entrava ancora, e si fermava solo dopo il primo tempo. Insieme al riaccendersi delle immagini sullo schermo riprendeva la musica, per sostare brevemente negli intervalli fra un tempo e l'altro, fino alla farsa finale. Cosa suonasse, nessuno era in grado di dirlo; ed era opinione comune che egli pestasse sui tasti come veniva, ispirandosi in qualche modo alle scene che vedeva succedersi sul telone, se pur gli era possibile vedere qualche cosa stando ai piedi della ribalta.

B1. **Rileggi il capoverso evidenziato nel testo. Dal contesto, si può dedurre che "agoni, persici e alborelle" sono dei tipi di:**

A. ☐ carni
B. ☐ pesci
C. ☐ verdure
D. ☐ frutti

1. AIUTO

Il quesito è abbastanza semplice: quali sono le due passioni del maestro Bordigoni? Una delle due è chiaramente espressa all'inizio del capoverso evidenziato.

B2. **In quale periodo storico si svolgono le vicende narrate nel testo?**

A. ☐ All'epoca del Risorgimento italiano
B. ☐ Durante la prima guerra mondiale
C. ☐ Negli anni tra le due guerre mondiali
D. ☐ Nel secondo dopoguerra

2. AIUTO

Tutto il testo è disseminato di riferimenti storici, pertanto devi ricordare la storia che hai studiato quest'anno. Inoltre, potrebbe esserti d'aiuto rileggere con attenzione, ad esempio, le prime sette righe. Si parla di fascismo e di due anni: il '28 e il '29 (1928-1929).

B3. **La frase "diventato esigente" (evidenziata nel testo) ha il soggetto sottinteso ed è implicita. Qual è il soggetto della frase? Scrivilo.**

____

3. AIUTO

Rileggi con attenzione le righe 3 e 4. Il soggetto sottinteso è di genere maschile (diventato) e compie anche l'azione di "accorgersi" del maestro Bordigoni.

B4. **Il fiduciario dell'Opera nazionale Balilla vuole:**

A. ☐ far crescere la gioventù italiana in un modo nuovo e attivo
B. ☐ iscrivere tutti gli insegnanti al partito fascista
C. ☐ coinvolgere i maestri nell'educazione fascista dei ragazzi
D. ☐ far partecipare anche i ragazzi più giovani alla rinascita dell'Italia

4. AIUTO

Dalla lettura del brano emerge che il regime fascista teneva in particolar modo all'educazione dei giovani al fine di crescerli come buoni fascisti. Questo processo iniziava dai banchi di scuola e pertanto richiedeva che i maestri fossero ispirati dagli ideali del regime e che ne fossero testimoni attendibili.

Testo C

Dalla filosofia naturale alla scienza

Il padre della scienza moderna è lo scienziato pisano Galileo Galilei (1564-1642). Prima di lui altri studiosi, come Copernico e Keplero, avevano fatto scoperte importanti, ma fu Galileo il primo ad accompagnare alle scoperte l'enunciazione dei principi del metodo scientifico, detto anche metodo sperimentale. In base a questo metodo le leggi della natura devono essere indagate per mezzo di esperimenti e verifiche e non dedotte dalle Sacre Scritture o dai testi dei grandi filosofi del passato. Se un'affermazione non può essere verificata con un esperimento, essa non può essere accettata. Il metodo sperimentale prevede 4 fasi:

1. osservazione del fenomeno;
2. formulazione di un'ipotesi;
3. verifica sperimentale dell'ipotesi;
4. conclusioni: se l'ipotesi è confermata dagli esperimenti diventa una legge.

Nel trattato *Il Saggiatore* Galileo sostiene la necessità per lo scienziato di imparare a leggere la "lingua matematica" in cui si esprime la natura:

"[l'universo]... non si può intendere se prima non si impara a intender la lingua, e conoscere i caratteri, ne' quali è scritto. Egli è scritto in lingua matematica, e i caratteri son triangoli, cerchi, ed altre figure geometriche, senza i quali mezzi è impossibile a intenderne umanamente parola".

Galileo Galilei avrebbe potuto essere un ottimo musicista come il padre Vincenzo e il fratello Michelangelo, invece divenne il padre della scienza moderna. Galileo fu un grande matematico, un inventore, uno sperimentatore, ma anche un fine liutista, un poeta e un critico letterario innamorato di Ariosto e del suo paladino Orlando.

Galileo era ironico, gaudente, a tratti depresso, polemico, e anche vendicativo, detestava la regola accademica pisana di indossare la toga, e se voleva stroncare un avversario era capace di farlo con un poemetto satirico. Un "brutto carattere" diremmo oggi.

Forse non sempre faceva davvero gli esperimenti che descriveva, come quelli sulla torre di Pisa; a volte descriveva risultati sperimentali più accurati di quelli realmente ottenuti. La grandezza di Galileo non va per questo ridimensionata. Galileo resta colui che ci ha insegnato che la matematica è il linguaggio in cui è scritto il libro della natura, e che ci ha spiegato il legame tra necessarie dimostrazioni e sensate esperienze, cioè tra teoria ed esperimento.

Galileo fu poi capace di richiamare l'attenzione dei contemporanei su alcuni problemi scientifici fondamentali, evidenziando le incongruenze del sistema di pensiero aristotelico. Per esempio le osservazioni di Galileo sulle irregolarità della superficie lunare, che facevano pensare alla presenza di un manto roccioso lunare, resero la Luna più simile alla Terra. Diversamente da quanto sostenuto da Aristotele, il Satellite terrestre non era fatto di una speciale materia incorruttibile. Da quel momento non si poté più tener distinte le questioni celesti da quelle terrestri.

Ciò che rende la fisica e in generale la scienza, così potente, è il fatto che una volta che abbiamo compiuto abbastanza esperimenti e misure siamo in grado di enunciare delle leggi; le leggi ci permettono di prevedere come si comportano anche oggetti che non possiamo osservare o non abbiamo ancora osservato. Possiamo prevedere con che velocità una mela cadrà a terra anche prima che si stacchi dall'albero, o quando passerà la prossima volta la cometa di Halley anche se al 2061 mancano ancora molti anni. Queste leggi sono espresse con equazioni matematiche: per dirla con le parole di Galileo, il grande libro dell'Universo è scritto in lingua matematica.

C1. **Nella prima riga del testo si dice che Galileo è "il padre della scienza moderna" perché**

A. ☐ si è ispirato alle Sacre Scritture
B. ☐ ha derivato le sue teorie dalle opere dei grandi filosofi dell'antichità
C. ☐ la fama delle sue scoperte ha superato quella di Copernico e di Keplero
D. ☐ ha inventato il metodo sperimentale

1. AIUTO

Copernico e Keplero sono stati indubbiamente due grandi personaggi del mondo scientifico ma Galileo ha introdotto qualcosa di fondamentale che si articola in quattro fasi.

C2. **Qual è la condizione perché un'affermazione possa essere ritenuta accettabile sul piano scientifico? Per rispondere, completa con una sola parola, la frase che segue.**

Un'affermazione, per essere accettata, deve poter essere ____

2. AIUTO

In ambito scientifico ciascuno può affermare ciò che vuole ma non per questo l'affermazione è da ritenersi valida. Cosa serve in più allo scienziato? L'informazione è contenuta nella parte iniziale del testo, appena prima dell'esposizione delle fasi del metodo scientifico.

C3. **Il dizionario riporta più significati per la parola "principio". Indica fra i seguenti quello con cui è usato nel testo.**

A. ☐ Inizio
B. ☐ Origine
C. ☐ Concetto fondamentale
D. ☐ Costituente base di una sostanza

3. AIUTO

La parola "principio" è utilizzata al plurale nella terza riga del testo e si riferisce alla scoperta del metodo scientifico da parte di Galileo, qualcosa di nuovo che avrebbe rivoluzionato la scienza. Prova a sostituire "principi" con ognuna delle parole proposte dall'esercizio: quale ti sembra più adatta?

C4. **Perché la parte di testo evidenziata è scritta in corsivo? Per rispondere completa la frase che segue.**

È in corsivo perché è una ____________ tratta dal ____________ di ____________.

4. AIUTO

Normalmente viene utilizzato il corsivo quando si riporta un pensiero o un discorso tratto da qualcun altro. Devi cercare da dove è tratto il pezzo riportato.

Testo D

L'anello di re Salomone - premessa

"Ciò che seminai nell'ira
crebbe in una notte
la pioggia lo distrusse.
Ciò che seminai con amore
germinò lentamente
maturò tardi
ma in benedetta abbondanza".

Peter Rosegger

Per scrivere sugli animali bisogna essere ispirati da un affetto caldo e genuino per le creature viventi, e penso che a me questo requisito verrà senz'altro riconosciuto. Ma ho voluto citare i bei versi di Peter Rosegger, perché questo libro è scaturito non solo dal mio grande amore per gli "animali", ma anche dalla mia ira contro i "libri" che trattano di animali. E devo riconoscere che se mai nella mia vita ho agito sotto l'impulso dell'ira, è stato proprio nella stesura di queste storie di animali.

Ma di che cosa mi adiravo? Delle molte storie di animali, incredibilmente false e cattive, che ci vengono offerte oggi in tutte le librerie; dei molti pennaioli che pretendono di parlare degli animali senza saperne un bel nulla. Chi scrive che le api urlano e spalancano le fauci, o che i lucci, lottando tra loro, si prendono per la gola, dimostra di non possedere neppur la più pallida idea dei caratteri di quegli animali, che pretende invece di avere direttamente e amorevolmente osservato. Se per compilare un libro sugli animali bastassero alcune informazioni delle esistenti società di allevatori, persone come Heck senior, Bengt Berg, Paul Eipper, Ernest Seton Thompson, o Wäscha Kwonnesin, che hanno dedicato tutta la vita alle ricerche sugli animali, sarebbero da considerarsi sciocche. Non si possono sottovalutare gli innumerevoli errori che queste irresponsabili storie di animali diffondono fra i lettori, e soprattutto tra i giovani, vivamente interessati a questo argomento.

E non si obietti che queste falsificazioni sono una legittima libertà della rappresentazione artistica. Certo, i poeti hanno diritto di "stilizzare" anche gli animali, come qualsiasi altro oggetto, secondo le necessità del processo artistico: i lupi e le pantere di Rudyard Kipling, il suo impareggiabile mungo Rikhi-tikkitavi parlano come gli uomini, e l'ape Maja di Waldemar Bonsels può esibire un comportamento non meno corretto e gentile del loro. Ma queste stilizzazioni sono permesse solo a chi conosce veramente l'animale. Anche gli artisti figurativi non sono tenuti a rappresentare le cose con precisione scientifica, ma guai a colui che non conosce l'oggetto che pretende di rappresentare, e che si serve della stilizzazione solo per mascherare la propria ignoranza!

Io sono uno scienziato, non un artista, e quindi non mi permetto nessuna libertà e nessuna "stilizzazione". Inoltre ritengo che queste libertà non siano affatto necessarie, e che sia molto meglio attenersi, come nei veri e propri lavori scientifici, semplicemente ai fatti, se si vuole dischiudere al lettore la bellezza del mondo animale. Le verità dell'universo organico si impongono infatti sempre più al nostro amore e alla nostra ammirazione e divengono sempre più belle quanto più profondamente si penetra in ogni loro peculiarità, ed è proprio insensato credere che l'oggettività della ricerca, il sapere, la conoscenza dei fenomeni naturali, possano far diminuire la gioia procurataci dalle meraviglie della natura. Anzi, quanto più l'uomo impara a conoscere la natura, tanto più viene preso profondamente e tenacemente dalla sua viva realtà. E in ogni buon biologo che sia stato chiamato alla sua professione dal godimento interiore che gli procurava la bellezza delle creature viventi, tutte le conoscenze acquistate attraverso la professione non hanno fatto che approfondire il godimento e l'amore della natura e del proprio lavoro. Per il campo di indagine cui ho dedicato la mia vita, cioè lo studio del comportamento animale, ciò vale ancor più che per ogni altro campo di ricerca nel mondo vivente: questo studio esige una dimestichezza così immediata con il mondo animale, ma anche una pazienza così disumana da parte dell'osservatore, che non basterà a sostenerlo il solo interesse teorico per gli animali, se mancherà l'amore che nel comportamento dell'uomo e dell'animale riesce a cogliere e constatare quell'affinità di cui aveva già da prima un'intuizione.

Oso dunque sperare che questo libro non mi venga distrutto dalla pioggia: ammetto infatti io stesso di averlo concepito nell'ira, ma quest'ira è frutto a sua volta del mio grande amore per gli animali!

Altenberg, estate 1949. Konrad Lorenz

D1. L'autore espone alcuni motivi che lo hanno spinto a scrivere il libro "L'anello di re Salomone". Indica se i motivi elencati nella prima colonna corrispondono o no al suo pensiero. L'autore ha scritto il libro perché:

1. AIUTO

Il testo non è altro che la premessa dell'autore (Konrad Lorenz) al libro *L'anello di re Salomone*. Eccoti alcune domande che potrebbero esserti utili per rispondere correttamente ai quesiti.

a. b. Cosa ne pensa l'autore di coloro che scrivono di strani comportamenti di api e lucci? Prova stima nei confronti di questi scrittori? Cosa potrebbero imparare i giovani lettori da questi testi?

c. e. Lo studio della natura, e in particolare del mondo animale, interessa e appassiona l'autore? Può essere utile alla scienza e all'uomo in generale?

d. I versi di Peter Rosegger sono quelli posti all'inizio del testo: parlano di animali?

	Sì	No
a. è irritato da coloro che scrivono di animali pur non conoscedoli		
b. è preoccupato per ciò che i giovani potrebbero imparare leggendo storie di animali senza fondamento		
c. è convinto che dedicare tutta la vita allo studio degli animali sia poco utile		
d. è stato ispirato dai versi di Peter Rosegger che parlano di animali		
e. è spinto da profondo amore e rispetto nei confronti degli animali che studia		

D2. **Inserisci nel testo che segue le parole o espressioni mancanti. Attenzione: ci sono due parole in più.**

anzi / invece / prima / ma / quanto più / anziché / mentre / tanto più

Konrad Lorenz afferma che __________ l'artista può concedersi delle libertà nel descrivere la natura, lo scienziato deve __________ attenersi ai fatti. ________ è sbagliato credere che l'indagine scientifica dei fenomeni naturali non permetta di apprezzare la bellezza della natura, ________ questa bellezza diviene ____________ evidente ai nostri occhi ______________ i fatti sono studiati e indagati.

2. AIUTO

Ti viene chiesto di inserire in modo corretto delle congiunzioni o comunque delle espressioni che hanno lo scopo di collegare le parti del discorso. Puoi aiutarti a trovare le giuste congiunzioni, inserendole nel testo e vedendo se la frase "funziona". Con le parole/espressioni che hai inserito hanno senso compiuto?

D3. **L'autore mette tra virgolette la parola "libri" (evidenziata nel testo) per indicare che vuole riferirsi a:**

A. ☐ tutti i libri che descrivono gli animali
B. ☐ libri di animali scritti con interesse scientifico
C. ☐ libri che trattano di animali scritti da lui stesso
D. ☐ libri che trattano in modo errato di animali

3. AIUTO

L'espressione "libri" tra virgolette indica che si tratta di un tipo particolare di libri. Vai a cercare nel testo a cosa si riferiscono i "libri".

D4. **Quale verbo utilizza l'autore col significato di "rappresentare qualcuno o qualcosa secondo un modello che semplifica o modifica la realtà"?**

____

4. AIUTO

C'è un'espressione usata più volte (in varie forme) nel testo che si riferisce a quanto richiesto in questo quesito. Si trova nella seconda parte del testo.

LESSICO

E1. **Scrivi la parola che corrisponde alla definizione.**
Esempio: Edificio adibito ad abitazione dell'uomo: casa (nome che inizia per c)
Buttarsi, lanciarsi in acqua:
__________ (verbo che inizia per t)

1. AIUTO
Nel primo caso si tratta di un nome assai comune di frequente utilizzo, non ti sarà difficile rintracciarlo. Nel secondo caso bisogna ricercare un verbo sinonimo di "buttarsi", "lanciarsi in acqua". Una persona che si butta in acqua, si t...

E2. **Nelle frasi che seguono manca la stessa parola, usata con significati di volta in volta diversi. Scrivi la parola mancante nella casella corrispondente.**
Esempio:
A. Al telegiornale hanno trasmesso un interessante servizio sul tema del riciclo dei rifiuti; il servizio da tè in mostra è decorato in oro.
Il servizio di leva obbligatorio è stato abolito per legge.
Parola corretta: servizio

2. AIUTO
Esistono parole che assumono significati molto differenti a seconda del contesto in cui sono inserite. Per il primo caso, concentrati, ad esempio, sulle prime due frasi: la prima parla del telegiornale, la seconda di oggetti legati al tè. La parola in questione è un nome e comincia con la lettera "s".
Per il secondo caso, concentrati, ad esempio, sulle ultime due frasi: la seconda parla di qualcosa che provoca il riso. Che cos'è? Una b... L'ultima di un lancio nel tennis. Come si chiama? La b...

B. Durante la prova d'orchestra, il direttore ci ha fatto fermare alla settima __________ .
Il professore ha fatto una __________ che ha provocato molte risate nella classe.
Nel tennis, la __________ deve essere eseguita dal giocatore fermo oltre la linea di fondo.
Parola corretta: __________

E3. **Indica se la parola sottolineata nelle frasi che seguono è usata:**
a) in senso informale (registro basso);
b) in senso neutro (registro standard);
c) in senso formale (registro elevato).

3. AIUTO
Il registro standard è quello che si utilizza più frequentemente nella comunicazione, mentre quello elevato è tipico di contesti formali o molto settoriali. Il registro basso è tipico del parlato e si caratterizza per l'uso di termini molto colloquiali, spesso al limite della correttezza.

	Registro basso	Registro standard	Registro elevato
a. Non capisci mai quello che dico! Cos'hai in quella zucca vuota?			
b. Stamattina mi sono alzato con un gran mal di testa.			
c. L'avvocato alzò fieramente il capo verso la corte e principiò la sua arringa.			

E4. **Nel primo capoverso del testo, quale espressione è usata come sinonimo di acqua?**

____

4. AIUTO
In questo caso ti viene chiesto di trovare un sinonimo della parola "acqua". È fondamentale che si cerchi la risposta nel contesto. Quindi vai all'inizio del testo A, nel primo capoverso e cerca la coppia di parole che è usata per indicare l'acqua.

RIFLESSIONE SULLA LINGUA

F1. Per ognuna delle seguenti situazioni comunicative indica quale tra le due frasi proposte è adatta al contesto.

A. Il tuo stendipanni si è rotto. Entri in negozio e chiedi:
☐ Buon giorno, vorrei uno stendipanni / ☐ Buon giorno, vorrei lo stendi panni.

B. La mattina hai ordinato al tuo fornaio di tenerti da parte la tua pizza preferita. A pranzo vai al forno e dici:
☐ Salve, sono venuto a ritirare la pizza / ☐ Salve, sono venuto a ritirare una pizza.

C. Nella vetrina di un negozio è esposto un solo vestito rosso. Entri e chiedi:
☐ Vorrei provare il vestito rosso che è in vetrina / ☐ Vorrei provare un vestito rosso che è in vetrina.

D. Vuoi trascorrere una serata con i tuoi amici. Telefoni a una pizzeria e dici:
☐ Buona sera, vorrei prenotare il tavolo per quattro persone / ☐ Buona sera, vorrei prenotare un tavolo per quattro persone.

1. AIUTO

Devi riflettere sugli articoli determinativi e indeterminativi. L'articolo determinativo si riferisce a un oggetto specifico, ci si riferisce proprio a quello; con l'articolo indeterminativo invece si fa riferimento genericamente a un oggetto di quel tipo. Valuta, caso per caso, quale soluzione è più indicata.

F2. Indica in quale delle seguenti coppie le due parole che le compongono sono formate da un verbo + un nome.

A. ☐ Doposcuola, soprabito
B. ☐ Colabrodo, apripista
C. ☐ Fermoposta, monopattino
D. ☐ Pescecane, cassapanca

2. AIUTO

Devi scomporre le parole nelle parti che le compongono e individuare in quale coppia di parole c'è un verbo seguito da un nome.

F3. Leggi la seguente frase.
"Maria ha ricevuto assieme a me il premio dell'amicizia."
Solo una delle seguenti affermazioni è vera. Quale?

A. ☐ Il soggetto si trova alla fine della frase
B. ☐ Il soggetto non compie l'azione
C. ☐ Il soggetto è sottinteso
D. ☐ Il soggetto è un pronome personale

3. AIUTO

Per prima cosa rintraccia il soggetto: chi è colui o colei che ha ricevuto il premio? Devi poi valutare caso per caso se si verifica la condizione espressa. Non è difficile trovare la soluzione, anche perché se hai individuato il soggetto, ti accorgerai subito che tre casi su quattro sono impossibili.

F4. **Indica in quale dei seguenti periodi il pronome "ne" si riferisce a un'intera frase.**

A. ☐ Ieri gli Azzurri hanno vinto sulla fortissima Spagna con quattro gol di scarto, e naturalmente ne parlano tutti.
B. ☐ Mio fratello ieri ha visto il film che ha vinto il festival di Berlino e me ne ha parlato molto bene.
C. ☐ Parla sempre di musica pop, ma secondo me non ne capisce proprio niente.
D. ☐ La professoressa dice che i libri della serie di Harry Potter sono molto divertenti, ma io non ne ho letto nessuno.

4. AIUTO

Cerca in ogni frase il pronome "ne" e sottolinealo; verifica che cosa sostituisce per evitare le ripetizioni. In tre casi su quattro sostituisce solo un nome, nel restante caso sostituisce un'intera frase.

F5. **Per ognuna delle seguenti frasi indica se il verbo è alla forma attiva o passiva.**

5. AIUTO

Osserva ogni frase per verificare se è attiva o passiva: la frase attiva è quella in cui il soggetto compie l'azione, quella passiva è quella in cui il soggetto subisce l'azione. Il verbo della frase attiva è sempre attivo, il verbo della frase passiva è sempre passivo.

	Forma attiva	Forma passiva
a. I miei genitori vanno spesso alla fiera del libro.		
b. Mio fratello è convocato spesso per le partite in trasferta.		
c. Questi moduli vanno spediti entro la fine del mese.		
d. Dalle Olimpiadi di italiano vengono esclusi gli alunni con un voto inferiore a sei.		
e. Luigi è salito sul treno all'ultimo momento.		
f. Oggi pomeriggio vengono a trovarmi degli amici messicani.		

(Testi tratti e riadattati dal sito web www.invalsi.it)

Il mio risultato:

Prova di comprensione del testo A ____ **/4**
Prova di comprensione del testo B ____ **/4**
Prova di comprensione del testo C ____ **/4**
Prova di comprensione del testo D ____ **/4**
Lessico ____ **/4**
Prova sulle conoscenze grammaticali ____ **/5**
Punteggio totale ____ **/31**

Ho trovato la prova:

☐ Difficile
☐ Più semplice di quanto pensassi
☐ Adeguata alle mie aspettative e capacità
☐ Altro ____________________

Prova 2

Prove ufficiali guidate. Anno scolastico 2017-2018

Nelle pagine seguenti troverai due esempi di prove, forniti dall'Invalsi, composti da tre testi di diversa tipologia, una sezione dedicata al Lessico e una dedicata alla Riflessione sulla lingua.

Ogni quesito è commentato per aiutare gli studenti a familiarizzare con la prova. Nonostante le prove siano ormai *computer based*, per comodità le presentiamo di seguito in formato cartaceo.

Nella seguente sezione, dedicata alla comprensione della lingua, leggi attentamente i testi e poi rispondi alle domande.

Testo A (testo non continuo)

Demografia, dove ci porterà l'aumento della popolazione

Secondo l'UNFPA, l'agenzia internazionale dell'ONU per lo sviluppo, il 31 ottobre 2011 è nato l'abitante numero sette miliardi del nostro pianeta. Si tratta di una data simbolica. Non è possibile, infatti, misurare con precisione l'evolvere della popolazione mondiale momento per momento, non disponendo di statistiche affidabili su tutti i Paesi, in particolare quelli in via di sviluppo. Ad ogni modo, l'evento ha stimolato il dibattito sul futuro della popolazione mondiale e sollecitato quesiti come il seguente: nei prossimi decenni il nostro pianeta sarà capace di sfamare, vestire e riscaldare una popolazione ancora più numerosa che mira ad avere standard di vita sempre più elevati? Prima di azzardare una risposta, ripercorriamo brevemente l'evoluzione della popolazione mondiale. Nei primi millenni di storia dell'umanità la crescita demografica è stata molto lenta: il miliardesimo abitante nacque intorno al 1800 ma bastò solo un altro secolo per toccare quota due miliardi. Nel XX secolo, la crescita demografica è stata inizialmente ancora più rapida e all'inizio degli anni Sessanta la popolazione mondiale ha toccato il suo terzo miliardo. In seguito, ogni 12-13 anni si è avuto un aumento di un ulteriore miliardo, fino ai sette miliardi odierni.

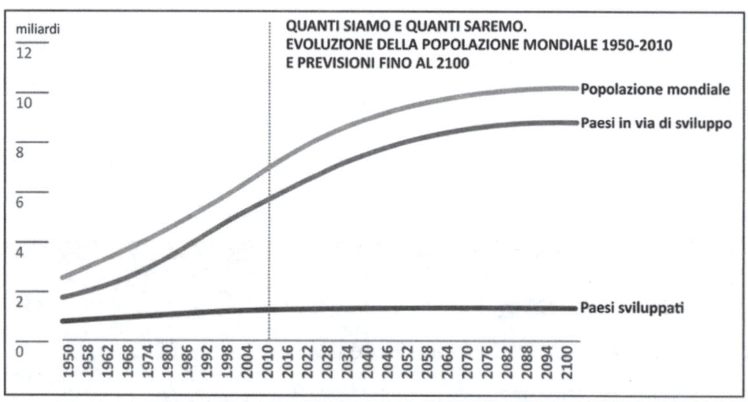

Fonte: United Nations, Population Division, 2011

Con l'aumentare della popolazione mondiale è ovviamente cresciuto anche il consumo di energia, ma con modalità ben differenti da un Paese all'altro, legate soprattutto al tenore di vita dei singoli contesti. Attraverso un indicatore come l'impronta ecologica, introdotto da Mathis Wackernagel, ambientalista fondatore dello *Human Footprint Institute*, è possibile valutare con approssimazione la sostenibilità del consumo di risorse naturali complessivo da parte di ogni singolo Paese. In sintesi, l'impronta ecologica misura di quanta superficie, in termini di terra e acqua, una popolazione ha bisogno per produrre, con la tecnologia disponibile, le risorse che consuma e per smaltire i rifiuti prodotti. Basandosi su questo indicatore, l'*Ecological Footprint*

Atlas 2010 sostiene che, a partire dalla metà degli anni Ottanta, l'umanità sta vivendo al di sopra dei propri mezzi rispetto all'ambiente e che attualmente la domanda annuale di risorse è superiore di un terzo a quanto la Terra riesce a generare ogni anno. Ad oggi, oltre l'80% della popolazione mondiale vive in Paesi che utilizzano più risorse rispetto a quelle disponibili all'interno dei loro confini. Tra questi abbiamo gli Usa, la Cina e l'India, quasi tutti gli stati europei, tutti i Paesi della sponda sud del Mediterraneo e del Medio Oriente. Molti Paesi (loro malgrado) "virtuosi" si trovano, invece, nell'Africa subsahariana e in Sudamerica, cui si aggiungono altre grandi nazioni come il Canada, l'Australia e la Russia, che, pur avendo adottato un modello di sviluppo tutt'altro che sostenibile, dispongono di immense risorse energetiche. Diamo un rapido sguardo alle tendenze che ci possiamo attendere nei prossimi decenni per la popolazione mondiale e i consumi energetici. Le previsioni demografiche variano a seconda delle diverse ipotesi sulla mortalità e soprattutto sulla natalità. Secondo la *United Nations Population Division* (vedi grafico), nel 2050 la popolazione mondiale dovrebbe attestarsi sui 9,3 miliardi. La crescita si concentrerà nei Paesi in via di sviluppo (Pvs), in particolare nel continente asiatico, mentre la popolazione dei Paesi a sviluppo avanzato dovrebbe mantenersi quasi stazionaria. Probabilmente gli abitanti del pianeta nel 2100 saranno più di 10 miliardi. La crescita demografica nella seconda metà del XXI secolo dovrebbe perciò rallentare notevolmente, soprattutto grazie alla graduale diminuzione delle nascite nei Pvs. Per quanto riguarda i consumi energetici, secondo l'*International Energy Agency*, nel 2010 si è avuta una crescita del 5% nella domanda globale di energia primaria. In base alle previsioni dell'Agenzia, tra il 2010 e il 2035 la domanda di energia crescerà di un terzo. Il 90% dell'incremento sarà determinato da Paesi non appartenenti all'OCSE (Organizzazione per la Cooperazione e lo Sviluppo Economico), cioè da Paesi in via di sviluppo la cui economia è attualmente in rapida crescita. In particolare la Cina, che è oggi il primo consumatore mondiale di energia ed è destinata in prospettiva a rafforzare il suo primato. Se ci si basa sulle tendenze attuali di crescita della popolazione e soprattutto dei consumi, il sovrasfruttamento ambientale sembra destinato inevitabilmente a inasprirsi nei prossimi decenni e la risposta alla domanda che ci siamo posti all'inizio non potrà che essere negativa.

A1. Qual è l'argomento del testo?

A. ☐ Le previsioni sull'andamento dei consumi energetici nel mondo

B. ☐ La sostenibilità della crescita demografica e dei consumi in futuro

C. ☐ L'evoluzione della popolazione nei Paesi in via di sviluppo

D. ☐ Il differente ritmo di sviluppo tra Paesi orientali e occidentali

1. AIUTO

Il testo propone una visione storica della crescita demografica, mettendola in relazione con l'effettiva capacità dell'ambiente di far fronte a tale ritmo di crescita: in questo senso è introdotto il concetto di "impronta ecologica" che getta ombre inquietanti sul presente e sul futuro. Quale risposta ti sembra più in linea con questa considerazione?

A2. Perché nel testo si afferma che il 31 ottobre 2011 è "una data simbolica"?

A. ☐ Perché in quella data è nato il miliardesimo abitante della Terra
B. ☐ Perché quella data ha segnato l'inizio di un dibattito sul futuro dell'umanità
C. ☐ Perché per convenzione è considerata come la data in cui la popolazione mondiale ha raggiunto i sette miliardi
D. ☐ Perché da quella data le risorse della Terra non sono state più sufficienti a nutrire tutti i suoi abitanti

2. AIUTO
Ricerca la data nelle prime righe del testo e poni attenzione all'aggettivo "simbolica": la risposta corretta viene esplicitata poco dopo.

A3. Osserva attentamente il grafico. La linea tratteggiata verticale ha la funzione di

A. ☐ segnalare il punto in cui la popolazione mondiale ha cominciato a crescere più delle risorse disponibili
B. ☐ separare i dati sull'evoluzione della popolazione mondiale dalle previsioni sulla sua crescita futura
C. ☐ rendere più leggibile la distanza che separa i Paesi sviluppati da quelli in via di sviluppo
D. ☐ mettere in evidenza il 2010 come l'anno di svolta nell'evoluzione della popolazione mondiale

3. AIUTO
Sotto l'immagine puoi leggere una data (2011): è l'anno in cui è stato pubblicato il grafico basato su una ricerca scientifica. La linea verticale parte dall'anno 2010 e sembra segnare un "prima" e un "dopo" rispetto al 2010 piuttosto che una data precisa.

A4. Basandoti sul grafico, rispondi alla seguente domanda: quali Paesi hanno contribuito maggiormente all'incremento demografico nel periodo dal 1950 al 2010?

____

4. AIUTO
Osserva attentamente il grafico nel periodo compreso tra il 1950 e il 2010: quali Paesi hanno contribuito maggiormente all'incremento demografico? Quelli sviluppati o quelli in via di sviluppo?

A5. Osserva il grafico e completa le due affermazioni che seguono, indicando ogni volta l'alternativa corretta tra le tre scritte in corsivo.

Dal 1950 al 2050 circa, la popolazione dei Paesi più sviluppati tende a ☐ *aumentare* / ☐ *restare stabile* / ☐ *diminuire*; nonostante ciò, la popolazione mondiale registra un ☐ *lieve incremento* / ☐ *decremento* / ☐ *forte incremento*

5. AIUTO
Osserva il grafico concentrandoti sui Paesi più sviluppati e successivamente sull'intera popolazione mondiale. Non prendere in considerazione i Paesi in via di sviluppo.

A6. L'aggettivo "ulteriore", usato nel testo in riferimento a "miliardo", significa

A. ☐ altro
B. ☐ successivo
C. ☐ intero
D. ☐ ultimo

6. AIUTO
L'espressione "ulteriore miliardo" si trova nella prima parte del testo, proprio a ridosso del grafico. Rileggi attentamente il periodo in cui è inserita e troverai facilmente la risposta esatta.

A7. **Il testo lega al fenomeno dell'aumento della popolazione un altro fenomeno. Quale?**

A. ☐ Il miglioramento del tenore di vita
B. ☐ La diminuzione della mortalità
C. ☐ La disuguaglianza tra i diversi Paesi
D. ☐ L'incremento dei consumi di energia

7. AIUTO
Il testo si occupa di disuguaglianza tra diversi Paesi e miglioramento del tenore di vita, ma in modo subordinato rispetto a un altro aspetto molto importante che caratterizza lo sviluppo delle società moderne: quale?

A8. **Osserva questa immagine e poi completa il testo che segue utilizzando le parole elencate sotto (fai attenzione: due sono in più).**

8. AIUTO
Il quesito richiede di completare il testo con 8 parole, ma suggerisce 10 possibili inserimenti. Completa ponendo attenzione ai due "intrusi" e poi rileggi attentamente per verificare la coerenza rispetto al testo.

IMPRONTA ECOLOGICA

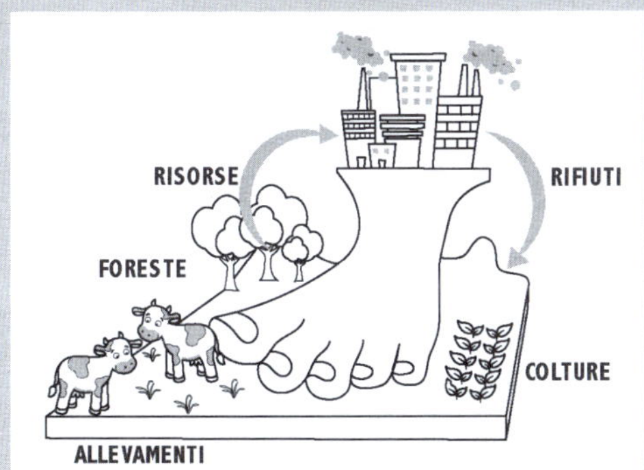

ambiente, esemplare, dimensione, impatto, letterale, metaforico, popolazione, sfruttamento, risorse, squilibrio

La parola "impronta", nell'espressione "impronta ecologica", è usata in senso __________ ; l'immagine invece corrisponde al suo significato __________ .
L'impronta è infatti quella che il piede dell'uomo incide sul territorio e allude all'__________ da questi esercitato sull'__________ . La sproporzione tra la __________ del piede e l'area calpestata rappresenta lo __________ tra __________ e __________ .

A9. **In base al testo, indica quali elementi vengono considerati per calcolare l'impronta ecologica in un dato territorio.**

9. AIUTO
La domanda si focalizza su un concetto ben preciso, quello del calcolo dell'impronta ecologica. Ricerca nel testo la parte in cui si descrive il concetto di impronta ecologica.

	Sì	No
a. Area del territorio		
b. Caratteristiche climatiche		
c. Consumo di risorse		
d. Sviluppo tecnologico		
e. Trattamento dei rifiuti		
f. Mortalità infantile		

A10. La frase introdotta da "sostiene che...", evidenziata nel testo, esprime

A. ☐ una convinzione soggettiva
B. ☐ un'affermazione fondata su dati
C. ☐ un'ipotesi da verificare
D. ☐ un'idea condivisa da molte persone

10. AIUTO

Rintraccia l'espressione nel testo e poi rileggi l'intero periodo che comincia con "Basandosi su questo indicatore...": ti sarà chiara la risposta corretta.

A11. Quale delle seguenti espressioni non può sostituire "pur avendo adottato ..." (evidenziata nel testo)?

A. ☐ Sebbene abbiano adottato
B. ☐ Benché abbiano adottato
C. ☐ Nonostante abbiano adottato
D. ☐ Purché abbiano adottato

11. AIUTO

La proposizione che comincia con "pur avendo adottato ..." è una concessiva implicita e tre delle quattro possibili risposte cominciano con una congiunzione di tipo concessivo e sono quindi tutte simili tra di loro: solo una non è di tipo concessivo. Quale?

A12. Nel testo si dice che molti Paesi dell'Africa subsahariana e del Sudamerica sono virtuosi loro malgrado. Ciò vuol dire che sono virtuosi

A. ☐ a loro piacimento
B. ☐ contro il loro stesso interesse
C. ☐ per loro responsabilità
D. ☐ indipendentemente dalla loro volontà

12. AIUTO

Ricerca l'affermazione nel testo. Cosa significa "loro malgrado"? Questi Paesi sono virtuosi perché non consumano più risorse di quanto ne siano disponibili nei loro territori. Si tratta di paesi ricchi?

Testo B (testo narrativo)

L'inserzionista

L'idea gli era venuta un giorno quasi per caso. A chi mai avrebbe lasciato la sua collezione di francobolli messa insieme con tanta pazienza nel corso di una vita? Non aveva moglie né figli né fratelli, a cui consegnare in eredità quel prezioso album. Tanto valeva, ormai che era vecchio, disfarsene e realizzare un po' di soldi. Però dai negozianti, che per anni aveva frequentato come compratore, si vergognava adesso di entrare. Non desiderava sembrare in vendita. Perché non ricorrere alle colonne di un quotidiano, che meglio di tutti garantiva l'anonimato? «Filatelico anziano cede raccolta commemorativi europei. Telefonare ore pasti...» Se n'era quasi dimenticato quando, una settimana più tardi, intorno a mezzogiorno squillò il telefono. Ascoltando quel trillo improvviso, fu colto da una strana euforia, rispose quasi con allegria alla voce sconosciuta. «Sì, sono io che ho fatto l'annuncio! Dica pure.» «Guardi, io il prezzo non l'ho ancora fissato» disse lui cercando di prendere tempo. «Mi lasci il Suo numero e La richiamerò.» Tornò a tavola, ma il suo pasto solitario fu di nuovo interrotto da una seconda chiamata. «Pronto, sì, buongiorno» rispose questa volta con maggiore scioltezza. Certo non avrebbe mai pensato che tanta gente potesse interessarsi a lui, ma più si facevano vivi i compratori interessati, e più lui capiva di non avere nessuna intenzione di vendere. Il piacere consisteva semmai nel sentirsi richiesto, nella breve trattativa che ne seguiva, e soprattutto in quei trilli prolungati che scuotevano il silenzio di quelle stanze. In capo a pochi giorni, purtroppo, gli appelli si diradarono fino a spegnersi del tutto. Se la collezione di francobolli non aveva trovato un acquirente era solo perché lui aveva indugiato, dilettandosi a chiacchierare anziché contrattare il valore della merce. Quelle persone senza volto erano uscite dalla sua vita senza lasciare traccia, come se non fossero mai esistite, indifferenti alla sua sorte com'erano stati un tempo i colleghi d'ufficio. Una mattina, mentre su una panchina del giardino comunale sfogliava i titoli del giornale, quasi assente e sovrapensiero, l'occhio gli cadde sulle colonne fitte di annunci economici. Certo, quando avesse voluto, con una modica spesa avrebbe potuto ritentare l'esperimento, riallacciare il dialogo con tante voci ignote, ma adesso era prematuro, lo avrebbero riconosciuto e mandato al diavolo insieme alla sua collezione. Ci pensò qualche giorno e poi formulò una nuova inserzione, imitando un linguaggio di cui cominciava ad apprezzare le sfumature. «BMW seminuova accessoriata cedo affarone.» Ecco, con poche centinaia di lire a parola, adesso possedeva anche una macchina. Il primo fu un giovanotto sbrigativo, pronto ad acquistare la vettura in giornata. «Mi dica quanto vuole, le dò i soldi sull'unghia...» «Mi spiace, l'ho venduta mezz'ora fa.» Volevano sapere, chiedevano dettagli, anno di immatricolazione, numero di chilometri, anche se non potevano più comperarla, e lui era felice di accontentarli, condividendo alla fine il loro rincrescimento. «Sarà per un'altra volta» finiva per congedarsi. Quasi non usciva più di casa, nemmeno per la solita passeggiata ai giardini, nel timore che suonasse a vuoto il telefono. Chi proponeva scambi, compensi, dilazioni. Chi era laconico e chi era ciarliero. Chi si spazientiva e chi si rassegnava. Mai nella sua vita aveva avuto a disposizione un campionario di umanità così ricco, e la possibilità di influenzarne per breve tempo gli umori. Ogni volta, la sensazione era di possedere davvero quei beni, e di poterne disporre a suo piacimento. Ora per nulla al mondo avrebbe rinunciato al colloquio con le voci sconosciute, al piacere di tenere in pugno i loro desideri, le loro vanità, i loro capricci. Quelle pareti che avevano ascoltato solo i rintocchi della pendola in anticamera, ora assorbivano fiumi di parole, e persino sussurri, imprecazioni, qualche risata. Quel telefono che era stato muto per anni, suonava come impazzito. Udendo squillare incessantemente il suo telefono, gli inquilini delle porte accanto dovevano essersi convinti che egli avesse inaugurato un'attività commerciale, poiché lo squadravano, incontrandolo, con grande curiosità. Del resto anche il suo aspetto fisico era cambiato, e qualche timido sorriso gli distendeva la faccia incupita. Ma fu una serenità di breve durata. La polizia lo trovò, chiamata dai vicini di casa allarmati dal lungo silenzio, senza vita, armadi e cassetti sottosopra. La sua ultima inserzione era stata: «Vendo brillante inestimabile valore...»

B1. In base al testo, un "inserzionista" è chi

A. ☐ tratta affari per telefono
B. ☐ fa annunci economici sui giornali
C. ☐ crea pubblicità per i giornali
D. ☐ pubblica sui quotidiani informazioni a pagamento

1. AIUTO
Un paio di domande potrebbero esserti utili. Dove è pubblicata la prima inserzione? In generale un inserzionista vuole vendere o informare?

B2. Il protagonista non ricorre ai negozianti per vendere la sua collezione perché

A. ☐ si sente superiore a loro
B. ☐ lo ritiene poco dignitoso
C. ☐ vuole ricavare più soldi
D. ☐ si fida poco di loro

2. AIUTO
Nel testo si dice chiaramente che i negozianti erano quelli per i quali egli era stato un compratore e perciò lo conoscevano bene, pertanto si vergogna perché non vuole apparire "in vendita".

B3. La parola "colonne" evidenziata nel testo indica

A. ☐ le pagine centrali dei quotidiani
B. ☐ le bacheche in cui si affiggono gli avvisi
C. ☐ i caratteri a stampa più grandi ed evidenti
D. ☐ le suddivisioni verticali delle pagine

3. AIUTO
Il termine "colonne" è posto tra virgolette: cosa può significare? Pensa alla pagina di un quotidiano: come viene suddiviso lo spazio di stampa?

B4. L'espressione "garantiva l'anonimato", evidenziata nel testo, significa

A. ☐ assicurava un guadagno al netto delle tasse
B. ☐ metteva in contatto con molti compratori sconosciuti
C. ☐ permetteva di non rivelare la propria identità
D. ☐ permetteva di concludere in fretta la trattativa

4. AIUTO
L'inserzionista desidera rimanere anonimo? Cosa significa?

B5. **"... più si facevano vivi i compratori interessati, e più lui capiva di non avere nessuna intenzione di vendere". Perché il protagonista si comporta così?**

A. ☐ Era affezionato alla sua raccolta e gli dispiaceva separarsene
B. ☐ Pensava che i compratori non apprezzassero abbastanza la sua collezione
C. ☐ Gli faceva piacere essere chiamato al telefono e sentirsi cercato
D. ☐ Voleva prolungare il più possibile la trattativa per trovare il miglior offerente

5. AIUTO

Nella parte iniziale del testo si accenna al fatto che l'inserzionista non ha nessuno a cui lasciare la sua preziosa collezione: si tratta evidentemente di un anziano solo che passa le sue giornate nel silenzio e nella noia.

B6. **La parola "anziché", evidenziata nel testo, può essere sostituita da**

A. ☐ invece di
B. ☐ per
C. ☐ prima di
D. ☐ allo scopo di

6. AIUTO

Prova a sostituire "anziché" con ognuna delle parole suggerite e poi rileggi l'intero periodo per verificarne il significato complessivo rispetto al testo originale.

B7. **Qual è il vero motivo per cui il protagonista non vende la sua collezione di francobolli?**

A. ☐ Nessuno gli telefona più per comperarla
B. ☐ Ha messo in vendita altri oggetti
C. ☐ Ha deciso di non venderla più
D. ☐ Il suo obiettivo non è più quello di vendere

7. AIUTO

Inizialmente l'inserzionista è animato dalla volontà di vendere la sua collezione ma poi qualcosa in lui cambia: qualcosa lo interessa di più della vendita.

B8. **L'espressione "Quelle persone senza volto" (evidenziata nel testo) a chi si riferisce?**

____

0 di 4 parole massimo

8. AIUTO

Si parla di "persone senza volto" perché l'inserzionista non le aveva mai viste di persona: di chi si tratta? Attenzione a non superare il limite massimo di quattro parole.

B9. **Dalle frasi del testo evidenziate si capisce che il protagonista**

A. ☐ rimpiange di aver rotto i rapporti con i colleghi di lavoro
B. ☐ anche nella vita lavorativa era stato un uomo solo
C. ☐ era stato indifferente verso le persone con cui lavorava
D. ☐ aveva avuto rapporti conflittuali con i colleghi di lavoro

9. AIUTO

Le persone "senza volto" sono assimilate ai colleghi di lavoro di un tempo. Si dice che essi si erano mostrati indifferenti al destino (sorte) dell'inserzionista.

B10. **Nel formulare il secondo annuncio il protagonista imita "un linguaggio di cui cominciava ad apprezzare le sfumature". Quali caratteristiche contraddistinguono la prima inserzione e la seconda?**

10. AIUTO
Rileggi con attenzione i brevi testi delle due inserzioni: la prima è quella che comincia con le parole "anziano filatelico....", mentre la seconda inizia con la parola "BMW...". Concentrati sulle varie affermazioni, confrontandole una per volta con i testi delle due inserzioni.

	Prima inserzione	Seconda inserzione
a. È scritta in prima persona		
b. Contiene informazioni non necessarie sull'inserzionista		
c. È più sintetica ed efficace		
d. Contiene informazioni dirette a invogliare l'acquirente		
e. Mette in primo piano il venditore		
f. Mette in primo piano l'oggetto		
g. Occuperà uno dei primi posti nell'elenco alfabetico delle inserzioni		

B11. **Nel cambiamento che si verifica nella vita del protagonista, che cosa gli dà particolarmente soddisfazione? Scegli e trascina dal testo una frase significativa che risponda a questa domanda.**

11. AIUTO
Dopo la pubblicazione della prima inserzione la vita dell'inserzionista cambia in meglio. Cosa gli dà più soddisfazione? Nel testo sono presenti numerose frasi che testimoniano tale soddisfazione dell'inserzionista: riportane almeno una significativa. Attenzione a non superare il limite massimo di trenta parole.

0 di 30 parole massimo

B12. **Con quale fatto si conclude la vicenda raccontata?**

0 di 4 parole massimo

12. AIUTO
La felicità dell'inserzionista ha breve durata. Dopo l'ultimo annuncio, l'uomo viene ritrovato dalla polizia mentre la sua casa è stata messa a soqquadro. Cosa ne è stato di lui? Non viene detto esplicitamente ma la sua fine si può facilmente intuire. Attenzione a non superare il limite massimo di quattro parole.

Testo C (testo espositivo)

Un futuro a idrogeno senza CO_2

L'idrogeno non può essere considerato una fonte primaria di energia, in quanto non esistono giacimenti di idrogeno, ma è un "vettore energetico", ovvero è un buon sistema per accumulare e trasportare energia.

L'idrogeno è un vettore ideale per un sistema energetico "sostenibile", in quanto:

- può essere prodotto da una pluralità di fonti, sia fossili che rinnovabili, tra loro intercambiabili e disponibili su larga scala per le generazioni future;
- può essere impiegato per applicazioni diversificate, dal trasporto alla generazione di energia elettrica, con un impatto ambientale nullo o estremamente ridotto sia a livello locale che globale.

Accanto ai vantaggi, l'introduzione dell'idrogeno presenta ancora numerosi problemi connessi allo sviluppo delle tecnologie necessarie per rendere il suo impiego economico e affidabile. Lo sviluppo di tali tecnologie è oggi al centro dei programmi di ricerca di numerosi paesi.

Uno dei problemi più critici è sicuramente quello della produzione; in prospettiva l'idrogeno si potrà ottenere dall'acqua, a emissioni zero, utilizzando le energie rinnovabili; oggi la soluzione più vicina è rappresentata dai combustibili fossili (estrazione dell'idrogeno a partire da carbone, petrolio e gas naturale) ma il problema da risolvere, in questo caso, è quello della separazione e del confinamento della CO_2 prodotta insieme all'idrogeno.

L'idrogeno può essere utilizzato:

- nei motori a combustione interna. L'idrogeno è un eccellente combustibile e può essere bruciato in un normale motore a combustione interna come accade in alcuni modelli di auto già commercializzati. I rendimenti sono elevati e le emissioni si riducono a vapore acqueo e pochissimi ossidi di azoto;
- nelle celle a combustibile H. Sono sistemi elettrochimici capaci di convertire l'energia chimica di un combustibile direttamente in energia elettrica con un rendimento nettamente superiore a quello degli impianti convenzionali e senza emissioni di CO2. Le celle a combustibile sono una soluzione già adottata da molte case automobilistiche per la costruzione di prototipi elettrici alimentati a idrogeno. Un'automobile a celle di combustibile produce a bordo l'elettricità necessaria al suo funzionamento, senza emissioni nocive;
- nelle centrali termoelettriche a idrogeno. I programmi di ricerca e sviluppo della tecnologia consentiranno di costruire impianti che utilizzeranno l'idrogeno per la generazione centralizzata di energia elettrica. Questi impianti, abbinati a un sistema di separazione e di confinamento della CO_2, ad esempio in giacimenti esauriti di petrolio o di metano, permetteranno la produzione di elettricità con un alto rendimento e senza rilascio di anidride carbonica.

C1. Che cosa significa che un sistema energetico è "sostenibile"?

A. ☐ Produce energia facilmente trasportabile
B. ☐ Non ha un impatto negativo sull'ambiente
C. ☐ Produce energia a prezzi molto bassi
D. ☐ Le scorie si possono riciclare per altri usi

1. AIUTO
Ti potrebbe essere utile ragionare sul fatto che due sinonimi dell'aggettivo "sostenibile" sono "sopportabile" o anche "tollerabile".

C2. Basandoti sul testo, indica quali delle seguenti affermazioni sull'idrogeno sono vere e quali false.

2. AIUTO
Rileggi con attenzione il testo, soffermandoti di volta in volta sui singoli aspetti richiesti dalle domande. Ad esempio, dove si parla di anidride carbonica? Cosa si dice a proposito?

	Vero	Falso
a. È un mezzo per trasportare energia		
b. Attualmente la sua produzione comporta anche la produzione di anidride carbonica		
c. Si può produrre in unico modo		
d. È combustibile ma brucia con difficoltà		
e. Può essere usato per diversi scopi		
f. In futuro potrà essere prodotto da fonti rinnovabili		
g. La tecnologia per produrlo e utilizzarlo in modo sicuro ed economico è altamente sviluppata		

C3. Oggi l'idrogeno può essere ottenuto

A. ☐ dall'acqua
B. ☐ dal vapore
C. ☐ dall'energia elettrica
D. ☐ dai combustibili fossili

3. AIUTO
La domanda pone l'attenzione sul presente e sulle modalità di produzione dell'idrogeno. In prospettiva l'idrogeno potrà essere prodotto dall'acqua ma oggi la soluzione più immediata, ma anche problematica, è un'altra. Quale? Ricerca l'informazione nel testo.

C4. L'impiego dell'idrogeno per le auto può avvenire in due modi. Indica quali, completando le frasi seguenti.

A. L'idrogeno può essere usato nei ______________________ direttamente come ____________ .
B. L'idrogeno può essere usato nelle ________________ per trasformare l'energia ________ in energia ____________ .

4. AIUTO
Ricerca nel testo la parte in cui si parla dei motori a combustione interna e celle a combustibile H, poi completa le frasi con le parti mancanti.

C5. Trova nella parte di testo evidenziata il termine che corrisponde a questa definizione: primo esemplare che serve da modello per la realizzazione successiva di prodotti in serie e riportalo nello spazio sottostante.

Risposta: ______________________________

5. AIUTO

Leggi con attenzione la parte di testo evidenziata. Si parla di soluzioni adottate dalle case costruttrici: cosa producono?

C6. L'uso dell'idrogeno per le auto è conveniente perché

A. ☐ ha una resa elevata e non inquina l'aria
B. ☐ prolunga la vita dei motori
C. ☐ permette di raggiungere velocità più elevate
D. ☐ assicura percorrenze più lunghe con minori consumi

6. AIUTO

La risposta si trova con facilità nella parte di testo in cui si parla dei motori a combustione interna e dei vantaggi dell'utilizzo dell'idrogeno.

C7. Una delle soluzioni proposte per il problema del rilascio di CO_2 nella produzione di idrogeno è di

A. ☐ bruciarla in ambiente protetto nel momento stesso in cui viene generata
B. ☐ trasformarla in vapore acqueo
C. ☐ imprigionarla in giacimenti di combustibili fossili abbandonati
D. ☐ disperderla nell'atmosfera

7. AIUTO

La CO_2 è un gas nocivo se disperso in grandi quantità nell'ambiente. La soluzione prospettata si trova nella parte finale del testo.

C8. Lo scopo principale del testo che hai letto è

A. ☐ mettere in guardia sui numerosi problemi non risolti legati all'uso dell'idrogeno
B. ☐ informare sulle caratteristiche e sull'uso dell'idrogeno come nuova fonte di energia
C. ☐ illustrare i vantaggi economici dell'uso dell'idrogeno per l'industria automobilistica
D. ☐ riportare le diverse e contrastanti posizioni nel mondo scientifico sul futuro uso dell'idrogeno

8. AIUTO

La risposta 3 induce a considerare un solo aspetto dell'utilizzo dell'idrogeno (industria automobilistica), mentre la risposta 4 parla di diverse e contrastanti posizioni sul futuro uso dell'idrogeno. In realtà non emergono molte voci contrastanti e inoltre si parla anche di presente e non solamente di futuro. Quale risposta risulta corretta?

LESSICO

Nelle schermate che seguono troverai alcune domande di Lessico.
Leggi attentamente ogni domanda e rispondi seguendo le istruzioni.

D1. **Scrivi la parola che corrisponde alla definizione.**

Edificio adibito ad abitazione dell'uomo: ________ (nome che inizia per c)

Gioioso, contento, felice: ________ (aggettivo che inizia per a)

1. AIUTO

Nel primo caso si tratta di un nome assai comune di frequente utilizzo, non ti sarà difficile rintracciarlo. Nel secondo caso bisogna ricercare un aggettivo sinonimo di felice, contento, gioioso. Una persona felice è sempre anche a...

D2. **Scegli fra le quattro alternative proposte quella che completa la parola o la frase riportata di seguito (forma cioè una "collocazione lessicale"). Dilazionare...**

A. ☐ un argomento
B. ☐ un pagamento
C. ☐ una fessura
D. ☐ una spia

2. AIUTO

Si tratta di completare la voce verbale "dilazionare" con la parola che la completa meglio. Ti può essere d'aiuto sapere che "dilazionare" significa "suddividere nel tempo".

D3. **Nelle frasi che seguono manca la stessa parola, usata con significati di volta in volta diversi. Scrivi la parola mancante nella casella corrispondente.**

Al telegiornale hanno trasmesso un interessante ________ sul tema del riciclo dei rifiuti.

Il ________ da tè in mostra è decorato in oro.

Il ________ di leva obbligatorio è stato abolito per legge.

Parola corretta: ________

3. AIUTO

Esistono parole che assumono significati molto differenti a seconda del contesto in cui sono inserite. Concentrati, ad esempio, sulle prime due frasi: la prima parla di telegiornale, la seconda di oggetti legati al tè. La parola in questione è un nome e comincia con la lettera "s".

D4. **Indica se la parola sottolineata nelle frasi che seguono è usata:**

a) in senso specialistico, come termine o concetto all'interno di una disciplina;
b) in senso metaforico (figurato);
c) in senso proprio nel linguaggio comune.

Scegli un'alternativa per ogni riga.

4. AIUTO

Nel linguaggio corrente la parola "altezza" è utilizzata per delineare la statura di un uomo o di una donna, mentre nel linguaggio specifico della geometria indica la misura, ad esempio di un poligono; in entrambi i casi si tratta di una misura quantificabile. Invece nella prima frase (in riferimento al discorso dell'oratore) non è così: la parola "altezza" non è intesa in senso letterale.

	Senso specialistico	Senso metaforico	Senso comune
a. L'oratore ha portato il discorso a un'altezza inattesa			
b. La mia altezza è rimasta la stessa da tre anni a questa parte			
c. L'altezza del poligono serve per calcolare la sua area			

D5. **Indica se la parola sottolineata nelle frasi che seguono è usata:**
a) in senso informale (registro basso);
b) in senso neutro (registro standard);
c) in senso formale (registro elevato)

Scegli un'alternativa per ogni riga.

5. AIUTO
Il registro standard è quello che si utilizza più frequentemente nella comunicazione, mentre quello elevato è tipico di contesti formali o molto settoriali. Il registro basso si caratterizza per l'uso di termini molto colloquiali, spesso al limite della correttezza.

	Registro basso	Registro standard	Registro elevato
a. Cadendo, il vaso si è rotto in mille pezzi.			
b. La selce è una roccia sedimentaria che si frantuma con notevole facilità.			
c. Ti ho detto che non ti presto la mia auto! Stordito come sei me la fracassi di sicuro!			

D6. **Nella frase che segue, tratta da scritti di studenti, la parola in grassetto non è quella corretta, anche se le assomiglia. Scrivi la parola che ha un suono simile a quella errata ed è appropriata rispetto al contesto della frase.**
È stato il momento più **memoriale** ______________ della mia vita!

6. AIUTO
La parola in grassetto non è corretta e va sostituita con un aggettivo. Chi parla descrive con entusiasmo un momento unico della propria vita, un momento degno di essere ricordato, di rimanere nella memoria.

RIFLESSIONE SULLA LINGUA

Nelle schermate che seguono troverai alcune domande di Riflessione sulla lingua. Leggi attentamente ogni domanda e rispondi seguendo le istruzioni.

E1. **Nella frase "Secondo una prima ricostruzione, il ladro sarebbe entrato da una finestra sul retro", il verbo indica:**

A. ☐ un'azione certa
B. ☐ un'azione futura
C. ☐ un'azione improbabile
D. ☐ un'azione possibile

1. AIUTO
La ricostruzione di un avvenimento (in questo caso un furto) è un'azione svolta dopo che il fatto è avvenuto: una prima ricostruzione è quindi un primo tentativo di raccontare come potrebbero essere andate le cose. Il verbo al condizionale (sarebbe entrato), cosa ti fa pensare?

E2. **"Raggiunta la cima, il gruppo degli alpinisti decise di trascorrere la notte nel rifugio". La frase sottolineata è:**

A. ☐ consecutiva
B. ☐ temporale
C. ☐ finale
D. ☐ concessiva

2. AIUTO
Quando gli alpinisti decidono di trascorrere la notte nel rifugio? Prova a rendere esplicita la forma verbale della proposizione sottolineata: come diventerebbe la frase?

E3. **Indica in quali dei seguenti aggettivi "in-" è un prefisso con valore negativo e in quali non lo è.**

3. AIUTO
Ricorda due cose apparentemente banali: la prima è che "in" è un prefisso e che pertanto si mette prima di una parola già esistente. La seconda è che "in" attribuisce un valore negativo (spesso contrario) a parole che normalmente non lo sono.

	in- è un prefisso con valore negativo	in- non è un prefisso con valore negativo
a. indeciso		
b. intenso		
c. innamorato		
d. interno		
e. incapace		
f. integrale		
g. incivile		
h. insolubile		

E4. **In quale delle seguenti frasi è presente una espressione polirematica (cioè un gruppo di più parole con un significato unitario: *es. fuori stagione, botta e risposta*)?**

A. ☐ Quella ragazza ha un viso acqua e sapone
B. ☐ Per la cena di stasera mancano pane e vino
C. ☐ Nella fattoria razzolavano liberamente galli e galline
D. ☐ Sbuccia la frutta con forchetta e coltello!

4. AIUTO
Acqua e sapone, pane e vino, galli e galline, forchetta e coltello: una sola di queste coppie di parole ha un senso figurato (cioè non letterale) all'interno della frase in cui è inserita. Quale?

E5. **"Luca mi ha chiesto <u>quando arriverà l'aereo da Milano</u>". La frase sottolineata è:**

A. [ ] soggettiva
B. [ ] oggettiva esplicita
C. [x] temporale
D. [x] interrogativa indiretta

5. AIUTO

Un paio di considerazioni potrebbero esserti utili. La prima: se si trattasse di una soggettiva, nella principale non ci sarebbe un soggetto. La seconda: il verbo della proposizione principale (mi "ha chiesto") quale tipo di subordinata potrebbe introdurre?

E6. **Completa nel modo corretto le parole incomplete.**

A. Maria è una nuotatrice ecce______nale.
B. Aveva la cos______enza sporca perché sapeva di aver mentito.
C. Lavarsi le mani prima di mangiare è una buona regola i______enica.
D. Questo cane è del tutto inno______o : abbaia ma non morde.
E. Il preside non ha concesso l'assemblea: dice che è ille______ittima.

6. AIUTO

Ricordi le regole per scrivere le parole in modo corretto? Concentrati in particolare sulle regole dei gruppi zio/zia, sce/scie, ge/gie, cuo/quo, e quelle sull'uso delle consonanti.

E7. **Leggi la seguente frase:**

"In una <u>famosissima</u> opera letteraria si racconta che i due <u>protagonisti</u> furono minacciati di morte da bande di <u>soldatacci</u> al soldo di un potente signorotto del luogo".

Se tu non conoscessi il significato delle parole sottolineate, quali voci andresti a cercare nel dizionario? Scrivile.

A. [ ] (famosissima) ____________
B. [ ] (protagonisti) ________________
C. [ ] (soldatacci) ____________

7. AIUTO

Ricordi come si ricostruisce la forma "base" di una parola da ricercare sul dizionario? Nel primo e nel terzo caso è necessario togliere alla parola il suffisso, mentre il secondo caso è di facile soluzione.

Il mio risultato:

Prova di comprensione del testo A	____**/12**
Prova di comprensione del testo B	____**/12**
Prova di comprensione del testo C	____**/8**
Lessico	____**/6**
Prova sulle conoscenze grammaticali	____**/7**
Punteggio totale	____**/45**

Ho trovato la prova:

- [ ] Difficile
- [ ] Più semplice di quanto pensassi
- [ ] Adeguata alle mie aspettative e capacità
- [ ] Altro ____________________

Prove ufficiali guidate. Anno scolastico 2017-2018

Testo A (testo espositivo)

Questo testo è tratto da un articolo sul Giappone del CORRIERE DELLA SERA

Pochi Paesi al mondo sono cambiati tanto, esteriormente, e sono rimasti tanto eguali a se stessi, come il Giappone nel corso di questo secolo. Tokio, la capitale, è stata rasa al suolo tre volte (nel 1923 dal terremoto, nel 1945 dai bombardamenti americani, ora dalla modernizzazione); tre volte è stata ricostruita, ma i suoi abitanti, pur perdendo i loro punti di riferimento fisici, non hanno perso quelli spirituali che fanno di un giapponese un giapponese, cioè un essere umano che si crede completamente diverso dal resto dell'umanità. I giapponesi erano così all'inizio del secolo quando vivevano in case di legno e di carta, lo sono ora che vivono in elettronizzati cubicoli di cemento. Neppure un'esperienza traumatica come la bomba atomica e la sconfitta nella Seconda Guerra Mondiale riuscì ad intaccare la coscienza giapponese. In questo continuo processo di mutamento e conservazione le ricorrenti cerimonie imperiali, con tutta la mistica e la misteriosità dei loro riti, hanno un ruolo importantissimo; ricordano al giapponese la sua natura divina. Il matrimonio del principe ereditario Naruhito con la sua Masako Owada, fra i suoi tanti messaggi, ha soprattutto questo, perché dietro tutte le montagne di baggianate che scrivono e scriveranno i giornali sull'argomento, dietro le ore di tv che gli verranno dedicate e dietro la marea di monete d'oro, di francobolli e T-shirt prodotti per l'occasione, al giapponese medio resterà il ricordo di quel che non riuscirà a vedere, ma di quel che sa avvenire nei recessi del palazzo imperiale, nel corso di riti segreti di cui conosce l'esistenza, che sa legati alla leggenda e da cui la modernità è tenuta lontana. Nuda, davanti allo specchio dell'altare shintoista a palazzo, la sposa verrà spolverata da un sacerdote con una scopa dal lungo manico di legno e dalle strisce di carta bianchissima. È il rito della "purificazione" prima di unirsi alla divinità. Perché l'imperatore discende dalla dea del Sole e così i giapponesi: i soli al mondo. È il messaggio che viene da ogni cerimonia imperiale. Negli ultimi anni ce ne sono state varie e ognuna di esse è stata l'occasione per riaffermare la diversità, l'unicità dei giapponesi, la fonte di quella forza giapponese che molti, specie in Asia, vedono ancora come una minaccia. Con ogni rito si è come riannaffiato il seme della coscienza collettiva giapponese che a volte sembra soffocato nella terra arida del Giappone dei transistor. Il Giappone dentro non cambia. Solo due mesi fa la Corte Suprema ha di nuovo dato ragione ai burocrati del ministero della Pubblica istruzione che non vogliono vedere scritta nei libri di testo per le scuole la vera storia della Seconda Guerra Mondiale e non vogliono alcun riferimento alle atrocità ed ai massacri commessi dai giapponesi. È passato già mezzo secolo da quella storia, una terza generazione imperiale viene alla ribalta, il Giappone è esternamente cambiato radicalmente, ma dentro resta lo stesso. A suo modo la ragazza non di sangue reale, ma semplicemente di buona famiglia che sposa il futuro imperatore è il simbolo di questa contraddizione. Esternamente è "moderna", parla varie lingue, ha studiato all'estero ed aveva persino intrapreso una carriera, quella diplomatica, ma in qualche modo anche lei ha risposto alla chiamata del Giappone interno. Il principe non la interessava, la vita di corte tanto meno, ma alla fine i funzionari vestali della casa imperiale, custodi del mito e della tradizione hanno prevalso costringendola a sposarsi, come tutti i giapponesi sanno, "non per amore, ma per dovere". Un dovere che viene così di nuovo, spettacolarmente, ricordato a tutti: il dovere di essere giapponesi.

A1. Quale delle frasi seguenti sintetizza meglio il contenuto del primo paragrafo del testo (evidenziato)?

A. ☐ Nel corso dell'ultimo secolo Tokio è stata rasa al suolo e ricostruita tre volte
B. ☒ I giapponesi hanno un forte senso dei propri valori e della loro diversità dagli altri popoli
C. ☐ La bomba atomica e la sconfitta nella Seconda Guerra Mondiale sono state esperienze traumatiche per i Giapponesi
D. ☐ I giapponesi oggigiorno non vivono più in case di legno e di carta, ma in moderne case di cemento

1. AIUTO
Rileggi con attenzione il primo paragrafo; alcune affermazioni vanno scartate perché sono false, altre, pur essendo corrette, non sintetizzano il contenuto del paragrafo.

A2. In quale epoca sono accaduti gli avvenimenti di cui si parla nel primo paragrafo del testo?

A. ☐ Nel nostro secolo
B. ☐ Nel XIX secolo
C. ☒ Nel secolo scorso
D. ☐ Nel XXI secolo

2. AIUTO
Nel testo ci sono due date precise. Devi ragionare su quale sia il secolo a cui appartengono tali date. Ripensa a come si calcolano i secoli rispetto alle date (es. il 1492 appartiene al XV secolo).

A3. Qual è, secondo l'autore, la funzione principale delle nozze imperiali?

A. ☐ Fanno produrre una marea di oggetti-ricordo
B. ☐ Danno luogo a un gran numero di articoli e trasmissioni televisive
C. ☒ Rafforzano l'identità collettiva giapponese
D. ☒ Sono un'occasione per rievocare riti e leggende del passato

3. AIUTO
Leggi con attenzione il secondo paragrafo, in particolare la parte finale di esso, dove troverai gli indizi per rispondere al quesito.

A4. Perché, nel rito della purificazione, la futura sposa dell'imperatore viene "spolverata da un sacerdote" (espressione evidenziata nel testo)?

A. ☐ Per liberarla da ogni difetto o mancanza
B. ☐ Per pulire la sua pelle
C. ☒ Per renderla divina come lo sposo
D. ☐ Per farla più bella

4. AIUTO
Leggi con attenzione la parte del secondo paragrafo in cui si parla del rito di purificazione e ragiona sul significato del termine "purificazione". Una sola risposta spiega bene cosa sia la purificazione.

A5. **Come vengono riportate le vicende della Seconda Guerra Mondiale, di cui i giapponesi sono stati protagonisti, nei libri di storia usati nelle scuole del Paese?**

A. ☐ In modo fedele, senza alterare la realtà dei fatti
B. ☐ In modo veritiero, illustrando le atrocità e i massacri commessi
C. ☒ In modo parziale, senza parlare delle colpe dei giapponesi
D. ☐ In modo dettagliato, riconoscendo le colpe dei giapponesi

5. AIUTO
Nel testo viene precisato con attenzione se in Giappone sia permesso o meno raccontare la storia in modo veritiero. Rintraccia l'informazione e potrai facilmente scegliere la risposta corretta.

A6. **Come si potrebbe sostituire l'espressione "viene alla ribalta", evidenziata nel testo?**

A. ☐ Si capovolge
B. ☐ Dà spettacolo
C. ☒ Si presenta
D. ☐ Dà scandalo

6. AIUTO
Se non conosci il significato dell'espressione "viene alla ribalta" prova a cercare nel testo gli indizi per comprenderne il significato. Escludi le espressioni che hanno un significato specifico e diverso da quello contenuto nella frase indicata e in quelle successive.

A7. **Secondo l'autore, per quale motivo Masako ha acconsentito a sposare il futuro imperatore?**

A. ☐ Per amore
B. ☒ Per desiderio di potere
C. ☐ Per ambizione
D. ☐ Senso del dovere

7. AIUTO
Trovi le informazioni necessarie per rispondere alla fine del terzo paragrafo: vengono escluse delle possibili risposte, mentre se ne sottolinea una.

A8. **Cosa significa la frase, riferita a Masako, "... ma in qualche modo anche lei ha risposto alla chiamata del Giappone interno" (evidenziata nel testo)?**

A. ☐ Ha risposto al richiamo della famiglia che la voleva con sé
B. ☐ Si è piegata alle tradizioni giapponesi
C. ☐ Ha accettato con gioia di sposare l'imperatore
D. ☒ È tornata dall'estero per rientrare nel suo paese natale

8. AIUTO
Le parole "Giappone interno" indicano che il Paese ha una sua identità ben precisa che accomuna tutti i giapponesi, quindi...

A9. **Perché Masako può esser considerata un simbolo del suo Paese?**

A. ☐ Perché ha dimostrato impegno nello studio e nella carriera
B. ☐ Perché unisce in sé modernità e fedeltà alla tradizione
C. ☒ Per la sua obbedienza ai funzionari imperiali
D. ☐ Per il suo spirito di sacrificio

9. AIUTO
Anche questa informazione è rintracciabile nel terzo capoverso dove se ne fa un riferimento esplicito.

A10. Il testo che hai letto è un articolo di

A. ☐ cronaca rosa
B. ☐ cronaca nera
C. ☒ politica
D. ☒ costume

10. AIUTO
Non lasciarti ingannare, rifletti con attenzione su quale sia lo scopo reale per cui il giornalista ha scritto questo articolo.

A11. Quale tra le seguenti frasi, ricavate dal testo, rende nel modo più completo il pensiero dell'autore?

A. ☐ "Ogni cerimonia imperiale è stata l'occasione per riaffermare la diversità, l'unicità dei giapponesi"
B. ☒ "Un dovere viene ricordato a tutti: il dovere di essere giapponesi"
C. ☐ "Il Giappone è esternamente cambiato radicalmente, ma dentro resta lo stesso"
D. ☐ "Neppure la bomba atomica e la sconfitta nella Seconda Guerra Mondiale sono riuscite a intaccare la coscienza giapponese"

11. AIUTO
Anche in questo caso sembrerebbero possibili più risposte, ma presta attenzione al fatto che si chiede quale affermazione **rende nel modo più completo** il pensiero dell'autore.

Testo B (testo narrativo)

Lo spazio bianco

Altissima la sopraelevata passava sui palazzi di piazza Ottocalli, faceva ombra ai balconi. Gli automobilisti uscivano dalla tangenziale, e dai finestrini quasi potevano toccare i panni stesi. Dall'ultimo pilone vidi Gaetano che fumava davanti al portone della scuola.

- Buongiorno.

- Quale buongiorno: io stanotte non ho dormito proprio.

- Non ne parliamo, e manco la mano mi dà?

- È sudata.

Non glielo dissi di stare tranquillo: che era il migliore dei miei alunni, perché anch'io ero stata una migliore alunna, e sapevo che il problema agli esami era proprio quello.

Gaetano la terza media se la sarebbe presa, come se la prendevano tutti dopo le 150 ore. Passavano tutti, ma Gaetano era il mio alunno migliore. Quando in classe leggevo i suoi temi ad alta voce, lui arrossiva solo ai primi due righi, poi si gonfiava di orgoglio, mano a mano che andavo avanti e magari facevo anche sì con la testa, lui cresceva, diventava più grosso di quello che era. Poi, sicuro di quello che stava chiedendo, fingeva di cercare conferma: «Il che, là, è giusto?» Il che era giusto e ci stava anche bene in quella frase lì, in quel punto lì. Questo il programma non lo richiedeva.

Io tremavo per lui, però tranquilla entrai nell'aula magna, salutai i colleghi che conoscevo e il presidente esterno. Quello me lo guardai bene, perché la partita di Gaetano era contro di lui: io lo sapevo che stava per scrivere il suo tema in faccia al padre che lo aveva mandato a lavorare a otto anni.

Questo era il suo esame di terza media, adesso Gaetano aveva tredici anni e si calava in apnea nelle cisterne di Calandrino dove mettevano a macerare la canapa: per 50 lire a balla la riportava su. Adesso avrebbe scritto il suo tema sul libretto di lavoro della fabbrica. Lo avrebbe scritto lí per trentotto anni, e la pialla stavolta non avrebbe potuto farci proprio niente.

- Scegli la traccia più facile, - gli avevo detto, perché conoscevo le tentazioni e i rischi degli uomini forti.

Poi la sessione era cominciata, e noi avevamo preso a vagare come mosche stanche davanti alle finestre, a controllare gli orologi.

I signori che avevamo davanti scrivevano composti nei loro banchi, qualcuno ci offriva la vista di una capigliatura brizzolata. Per due ore gli unici a fare rumore fummo noi. Poi vidi Gaetano farmi un cenno.

Io mi girai verso la cattedra, ma i commissari non mi avrebbero detto niente: cosa si può correggere in tre parole sottovoce, senza guardare il foglio e passando? In cosa avrei potuto più aiutarlo, dopo cinquantasette anni, tre figli e una mano devastata, se non sapeva mettere i suoi congiuntivi in ordine e quello che pensava dentro le parole?

Allora mi avvicinai e guardai sul banco, capii che aveva già scritto molto e con poche cancellature.

- Ho un problema. Mi sono bloccato.

- Che cosa vuoi dire?

- Vorrei andare avanti.

- Mettici un futuro.

- No, voglio metterci il presente.

- E scrivi al presente.

- Però vengo già da un presente che è finito mo'.

Non capivo, avevo bisogno di leggere, non gli risposi nulla e mi presi altre due vasche, avanti e indietro tra le corsie dei banchi. All'altezza della porta accennai anche un passo fuori, ma guardavo l'orologio e smaniavo per tornare vicino a Gaetano. Controllai l'ansia mentre andavo verso di lui, mi avvicinai lentamente e mi misi a sbirciare da dietro, ma con finta noncuranza, come se fossi incuriosita.

Lessi dove lui mi indicò, che era dove finiva lo scritto: «Anche se scrivo con la sinistra, e nessuno ormai se ne accorge, io però alla mano destra ho sempre tre dita in meno. Che sono la mia libertà, perché la mia normalità di prima era una pietra».

Pensai e feci due passi, poteva riattaccare con un «adesso».

- Professoré.

- Sto pensando.

- Io devo scrivere altre due pagine, al presente, che è un presente nuovo.

- Ho capito.

Guardai l'orologio, e maledissi i perfezionisti di cinquantasette anni che scrivono con tre dita mancanti.

Un commissario cominciava a guardare fisso verso di me, parlai tra le labbra come fossi anch'io una studentessa.

- Mettici uno spazio bianco e ricomincia a scrivere quello che vuoi.

- Ma si può fare?

- Sì, lascia un rigo in bianco e ricomincia sotto.

- Non è che poi pensano che mi sono dimenticato qualcosa?

- No.

Il commissario Esposito si alzò e mi sorrise gentilmente con un sorriso falso, mi richiamò:

- Dottoressa, venga a prendere il caffè: abbiamo chiamato il bar.

Guardai Gaetano con risentimento.

- Ma lei non ce l'ha mai detto in classe che si poteva fare.

- E va bene, però mo' non scocciare e mettici uno spazio bianco, che io mi vado a prendere il caffè.

B1. **L'accenno agli automobilisti che "quasi potevano toccare i panni stesi" (evidenziata nel testo) ha lo scopo di:**

A. ☐ dare un'idea di quanto in alto e quanto vicina alle case corresse la strada
B. ☐ impressionare il lettore con il pericolo cui gli automobilisti erano esposti
C. ☐ descrivere la vista dei palazzi che si offriva a chi percorreva la sopraelevata
D. ☐ informare il lettore che la protagonista sta arrivando in macchina a scuola

1. AIUTO

Per capire quale sia la risposta devi riflettere sulla natura del periodo con cui inizia il testo: è una descrizione, si parla della protagonista, si vuole impressionare il lettore oppure si vuole solo dare un'idea?

B2. **Il breve dialogo che si svolge tra i due protagonisti (evidenziato) ci fa capire che:**

A. ☐ si erano dati appuntamento davanti al portone della scuola
B. ☐ non avevano dormito per la preoccupazione di arrivare in ritardo
C. ☐ sono entrambi in ansia per l'esame che deve iniziare di lì a poco
D. ☐ non sono in confidenza tra loro perché si danno del lei

2. AIUTO

Devi prestare attenzione all'espressione "non ne parliamo". Che cosa indica? La lettura della parte successiva del racconto ti aiuterà a confermare la tua ipotesi.

B3. **"...e sapevo che il problema agli esami era proprio quello" (espressione evidenziata nel testo). Qual è il problema cui si fa riferimento?**

A. ☐ Di aver paura dei commissari
B. ☐ Di riuscire a far bene le prove
C. ☐ Di essere stato un bravo alunno
D. ☐ Di riuscire a rimanere calmi

3. AIUTO

Il problema è legato al fatto che Gaetano non ha dormito. Perché non ha dormito? Con questa informazione puoi trovare la risposta corretta.

B4. **Perché la protagonista è sicura che "Gaetano la terza media se la sarebbe presa" (espressione evidenziata nel testo)?**

A. ☐ Perché era il suo alunno migliore
B. ☐ Perché tutti riuscivano a superare l'esame
C. ☐ Perché sapeva fare dei bei temi
D. ☐ Perché tutti dopo le 150 ore erano ben preparati

4. AIUTO

La risposta è contenuta chiaramente nel testo (nel terzo paragrafo). Rileggilo con attenzione.

B5. **Le parole "...lui cresceva, diventava più grosso di quello che era" (evidenziate nel testo) vogliono dire che:**

A. ☐ Gaetano aumentava nella statura e nella corporatura
B. ☐ Gaetano si sentiva arrossire per quello che aveva scritto
C. ☐ l'approvazione della professoressa rendeva Gaetano fiero di sé
D. ☐ a Gaetano piaceva che la professoressa leggesse i suoi temi a voce alta

5. AIUTO

Una risposta è da escludere perché è del tutto priva di significato nel contesto; per quanto riguarda poi la scelta tra le altre tre possibilità, ancora una volta, devi considerare l'espressione all'interno del contesto.

B6. **Per quale ragione Gaetano "fingeva di cercare conferma" (espressione evidenziata nel testo)?**

A. ☐ Sapeva già quello che stava per chiedere
B. ☐ Non era sicuro di quello che aveva scritto
C. ☐ Desiderava sentirsi dire che aveva fatto bene
D. ☐ Voleva che la professoressa correggesse i suoi errori

6. AIUTO
Leggi con attenzione cosa viene detto nel testo appena prima dell'espressione, ti aiuterà a capire che cosa significa.

B7. **"Questo il programma non lo richiedeva" (espressione evidenziata nel testo). Che cosa il programma non richiedeva?**

A. ☐ Di saper scrivere in Italiano in buono stile
B. ☐ Di conoscere l'uso corretto del pronome "che"
C. ☐ Di sapere che in una frase il "che" va messo dopo un nome
D. ☐ Di esser capaci di fare le giuste domande agli insegnanti

7. AIUTO
Nel testo non si fanno riferimenti specifici alla grammatica, quindi la risposta corretta sarà di carattere più generale.

B8. **Nella parte di testo evidenziata si dice che Gaetano "stava per scrivere il suo tema in faccia al padre". Con queste parole si vuole sottolineare che**

A. ☐ Gaetano stava per scrivere un tema pieno di odio contro il padre
B. ☐ Gaetano era stato mandato dal padre a lavorare troppo presto, quand'era ancora un bambino
C. ☐ era per colpa del padre se Gaetano non aveva potuto studiare
D. ☐ essere arrivato all'esame di licenza era per Gaetano una rivincita nei confronti del padre

8. AIUTO
Nel cercare la risposta corretta è importante non immaginare nulla, ma fare riferimento solo a quanto si afferma nel testo.

B9. **Perché la protagonista aveva detto a Gaetano di scegliere "la traccia più facile" (espressione evidenziata)?**

A. ☐ Perché non corresse il rischio di esser bocciato all'esame
B. ☐ Perché temeva che la personalità di Gaetano lo inducesse a fare una scelta azzardata
C. ☐ Perché sapeva che la commissione d'esame era molto severa
D. ☐ Perché pensava che Gaetano non fosse all'altezza di svolgere un tema troppo difficile

9. AIUTO
In questo caso la risposta è contenuta espressamente nel testo. Rileggilo con attenzione nella parte centrale e troverai l'indizio che ti serve per rispondere.

B10. L'espressione "mi presi altre due vasche" (evidenziata nel testo) vuol dire

A. ☐ andai su e giù per due volte
B. ☐ feci due giravolte
C. ☐ girai intorno ai banchi
D. ☐ feci due volte dietro front

10. AIUTO
Se non conosci questo modo di dire, fai riferimento alla piscina: cosa vuol dire fare due vasche?

B11. La frase "Che sono la mia libertà, perché la mia normalità di prima era una pietra" (evidenziata) vuol dire che

A. ☐ la perdita di tre dita era stata per Gaetano una sorta di liberazione
B. ☐ solo con tutte le dita Gaetano si era sentito un uomo normale
C. ☐ Gaetano si sentiva finalmente libero di scrivere con la sinistra
D. ☐ esser stato costretto a lasciare la scuola era per Gaetano come una pietra sul cuore

11. AIUTO

Anche per questa risposta non devi immaginare nulla, rispondi facendo riferimento a quello che trovi nel testo.

B12. Perché il commissario Esposito, rivolgendosi alla protagonista, le sorride "con un sorriso falso" (espressione evidenziata)?

A. ☐ Per nascondere il suo desiderio di bere il caffè con lei
B. ☐ Per ingraziarsi la collega
C. ☐ Perché non è un uomo sincero
D. ☐ Perché vuole allontanarla da Gaetano

12. AIUTO

Devi pensare all'espressione nel contesto: perché il commissario Esposito le sorride e la invita a prendere un caffè?

B13. Il suggerimento di lasciare uno spazio bianco e andare avanti "risolve" il dilemma di Gaetano. Che cosa rappresenta lo spazio bianco?

A. ☐ Lo stacco tra il passato di Gaetano e la nuova vita che comincia
B. ☐ L'incertezza di Gaetano riguardo a che cosa scrivere nel tema
C. ☐ Il dolore lasciato nella vita di Gaetano dalla perdita di tre dita
D. ☐ L'ignoranza da parte di Gaetano di quale sarà ora il suo futuro

13. AIUTO

Ancora una volta non devi inventare la soluzione, ma partire da ciò che è scritto nel testo. Forse però potrebbe avere un significato allegorico.

Testo C (testo informativo)

Questo testo è la presentazione pubblicitaria di un negozio di dolciumi di Torino

È proprio nel cuore di Torino, nella famosa piazza San Carlo, che la storica "Confetteria Stratta" dal 1836 apre le sue porte agli affezionati clienti.

A prediligerla un pubblico raffinato, in grado di apprezzare le celeberrime caramelle, i coloratissimi *fondants* con la goccia, la sontuosa crema gianduia e gli irresistibili cioccolatini. E che dire dei *marrons glacés*, pelati a mano uno ad uno e messi a candire per ottanta ore? Gesti antichi, rimasti tali grazie a un nobile passato.

Tutto ha inizio quando i maestri confettieri Stratta e Reina escono dall'anonimato del loro laboratorio e per fondare la premiata ditta scelgono quelli che, secondo molti cronisti dell'epoca, sono i portici più belli e più vasti d'Europa. L'apertura del locale nel palazzo settecentesco del Castellamonte, oggi di proprietà della Società del Whist, precede di due anni la collocazione nella piazza del monumento equestre in bronzo dedicato a Emanuele Filiberto: il "Caval ´d Brôns". Nel 1840 Stratta si distingue tra le botteghe del centro per essere una delle prime a richiedere l'istallazione dell'illuminazione a gas, in sostituzione del sistema ad olio. Nel 1858, dopo la parentesi di gestione di Alessandro Reina, la conduzione dei fratelli Stratta diviene definitiva. Nelle belle vetrine fanno mostra di sé caramelle e confetti, cioccolatini e praline, *marrons glacés* e canditi, il tutto alternato ai legni e ai cristalli preziosi. Il successo è immediato. Le caramelle dai mille sapori, oggi famose in tutto il mondo, entrano trionfalmente alla corte dei Savoia e la confetteria acquisisce il titolo più ambito e prestigioso del tempo: "Fornitori della Real Casa". Testimonia il riconoscimento lo stemma originale, tuttora visibile all'interno del negozio.

Come i Savoia, così anche il Conte Cavour è un fedele cliente di Stratta. Nell'arduo compito di cercare appoggi al nascituro Regno d'Italia, il grande statista prende letteralmente per la gola gli ambasciatori dell'intera Europa. È passato alla storia il suo ordinativo a Stratta di ventinove chili di *marrons glacés*, diciotto di sorbetto, trentasette di frutta caramellata e poi ancora paste da forno, confetture e meringhette per un totale esorbitante di 2547 lire e 60 centesimi. Erano i tempi di Torino capitale e la città era teatro di feste, balli e ricevimenti.

C1. **La frase "Gesti antichi, rimasti tali grazie a un nobile passato" (evidenziata nel testo) intende sottolineare che**

A. ☐ la produzione della confetteria Stratta si rifà a tecniche tradizionali tramandate nel tempo

B. ☐ la confetteria Stratta era frequentata in passato dalla nobiltà

C. ☐ i dolci della confetteria Stratta sono rimasti uguali dal secolo scorso ai nostri giorni

D. ☐ i prodotti della confetteria Stratta sono frutto di gesti antiquati

1. AIUTO

Devi ragionare a partire dalle espressioni "gesti antichi" e "nobile passato".

C2. **Nel periodo "Tutto ha inizio quando..." (evidenziato nel testo), la parola "Tutto" si riferisce**

A. ☐ alla lista dei prodotti dolciari elencati prima

B. ☐ al momento di apertura della confetteria

C. ☐ alla storia della confetteria raccontata nel testo

D. ☐ alla decisione di Stratta e Reina di fondare la confetteria

2. AIUTO

Per capire a cosa fa riferimento la parola "tutto" considera qual è il contenuto complessivo del testo. Di che cosa si parla? "Tutto" fa riferimento a quello.

C3. **L'espressione "escono dall'anonimato del loro laboratorio" (evidenziata nel testo), riferita a Stratta e Reina, significa**

A. ☐ abbandonano l'attività che svolgevano nel loro laboratorio

B. ☐ lasciano il loro sconosciuto laboratorio per aprire la confetteria

C. ☐ si trasferiscono all'insaputa di tutti nel palazzo del Castellamonte

D. ☐ comprano una pasticceria già famosa in tutta Europa

3. AIUTO

Che cosa significa "uscire dall'anonimato"? Rifletti sul significato di questa espressione per trovare la risposta corretta.

C4. **Con l'espressione "la premiata ditta" (evidenziata) si indica**

A. ☐ la Società del Whist

B. ☐ il palazzo del Castellamonte

C. ☐ la premiazione ottenuta dalla ditta Stratta

D. ☐ la confetteria Stratta

4. AIUTO

Devi fare riferimento alle informazioni contenute nel testo. Di quale ditta si sta parlando?

C5. **Nella parte di testo evidenziata si legge: "secondo molti cronisti dell'epoca". A quale epoca si sta facendo riferimento?**

A. ☐ alla fine del Settecento

B. ☐ alla seconda metà dell'Ottocento

C. ☐ alla prima metà dell'Ottocento

D. ☐ agli inizi del Novecento

5. AIUTO

Devi far riferimento alla data di apertura della ditta che è riportata nel testo.

C6. Quando venne introdotta a Torino l'illuminazione a gas?

A. ☐ Nel 1840
B. ☐ Un po' prima del 1840
C. ☐ Poco dopo il 1840
D. ☐ Non ci sono sufficienti informazioni per dirlo

6. AIUTO
Anche in questo caso devi far riferimento ad una data che è presente nel testo.

C7. Nella parte evidenziata si legge: "Testimonia il riconoscimento lo stemma originale". A che cosa si riferisce "il riconoscimento"?

A. ☐ Al fatto che la confetteria Stratta divenne ufficialmente la ditta venditrice di dolci ai Savoia
B. ☐ All'ingresso trionfale fatto dai dolci della confetteria Stratta nel palazzo dei Savoia
C. ☐ Al fatto che i Savoia divennero i più assidui consumatori di dolci della confetteria Stratta
D. ☐ Al grande successo che i dolci della confetteria Stratta riscossero presso la corte dei Savoia

7. AIUTO
Cerca nel testo il riferimento per capire di cosa si tratta. Se ne parla appena prima dell'espressione considerata.

C8. La frase evidenziata nel testo "Nell'arduo compito di cercare appoggi al nascituro Regno d'Italia, il grande statista prende letteralmente per la gola gli ambasciatori dell'intera Europa" significa che il grande statista

A. ☐ cerca di ottenere il sostegno degli ambasciatori europei offrendo loro i dolciumi della confetteria Stratta
B. ☐ prende per il collo gli ambasciatori di tutta Europa costringendoli a dargli il loro appoggio
C. ☐ prende alla lettera la golosità degli ambasciatori dell'intera Europa per avere il loro aiuto
D. ☐ fa pressione sugli ambasciatori europei perché acquistino i dolciumi della confetteria Stratta

8. AIUTO
Devi ragionare sul significato dell'espressione "prendere per la gola".

LESSICO

D1. **Scrivi la parola che corrisponde alla definizione.**
Esempio: Edificio adibito ad abitazione dell'uomo: (nome che inizia per c) casa

Correre dietro a qualcuno per raggiungerlo: (verbo che inizia con i) ___________

1. AIUTO
Non pensare a nulla di difficile: è il verbo che si usa normalmente per indicare questa azione!

D2. **Scrivi la parola che corrisponde alla definizione.**
Esempio: Edificio adibito ad abitazione dell'uomo: (nome che inizia per c) casa

Organismo vegetale nella sua prima fase di sviluppo da un seme o da una gemma: (nome che inizia con g) ___________

2. AIUTO
È un termine a cui è legato anche un verbo che indica quando in primavera spuntano le gemme.

D3. **Scrivi la parola che corrisponde alla definizione.**
Esempio: Edificio adibito ad abitazione dell'uomo: (nome che inizia per c) casa

Impedire o rendere difficile la realizzazione di qualcosa: (verbo che inizia con o) ___________

3. AIUTO
In questo caso invece si tratta di un verbo a cui è legato un sostantivo (es. la corsa ad o...)

D4. **Scegli fra le quattro alternative proposte quella che completa la parola o la frase evidenziata (forma cioè una "collocazione lessicale").**

Esempio: dilazionare ......
A. ☐ un argomento
B. ☐ un pagamento
C. ☐ una fessura
D. ☐ una spia

___________ di botte
A. ☐ soffiare
B. ☐ gonfiare
C. ☐ pompare
D. ☐ dilatare

4. AIUTO
È un modo di dire, se non lo conosci pensa a quale potrebbe essere l'effetto sul corpo di una persona che ha ricevuto molte botte.

D5. **Scegli fra le quattro alternative proposte quella che completa la parola o la frase evidenziata (forma cioè una "collocazione lessicale").**

Esempio: dilazionare ......
A. ☐ un argomento
B. ☐ un pagamento
C. ☐ una fessura
D. ☐ una spia

Mostra ___________
A. ☐ permanente
B. ☐ infinita
C. ☐ costante
D. ☐ eterna

5. AIUTO
Anche in questo caso è un modo di dire, se non lo conosci ragiona su quali caratteristiche potrebbe avere una mostra.

D6. **Scegli fra le quattro alternative proposte quella che completa la parola o la frase evidenziata (forma cioè una "collocazione lessicale").**

Hai realizzato un bellissimo disegno! Non conoscevo questa tua ________ artistica.

A. ☐ vena
B. ☐ pena
C. ☐ scena
D. ☐ lena

6. AIUTO

Sei di nuovo di fronte ad un modo di dire. Se stiamo parlando di una persona, il riferimento sarà ad una parte del corpo.

D7. **Nelle frasi che seguono manca la stessa parola, usata con significati di volta in volta diversi. Scrivi la parola mancante nella casella corrispondente.**

Esempio: Al telegiornale hanno trasmesso un interessante servizio sul tema del riciclo dei rifiuti.
Il servizio da tè in mostra è decorato in oro.
Il servizio di leva obbligatorio è stato abolito per legge.
Parola corretta: servizio

A causa della siccità, la ________ acquifera si è abbassata.
Questo cappotto è troppo lungo: la ________ striscia per terra.
La ________ del tetto delle case di montagna è spiovente per permettere alla neve di cadere più facilmente a terra.
Parola corretta: ________

7. AIUTO

Devi trovare una parola che completa le tre frasi, ovviamente ogni volta assume un significato diverso.

D8. **Indica se l'espressione sottolineata nelle frasi che seguono è usata:**
a) in senso informale (registro basso);
b) in senso neutro (registro standard);
c) in senso formale (registro elevato)

8. AIUTO

Non devi fare altro che ragionare sul registro: quale frase è più elegante? Quale più semplice e bassa? Per esclusione assegnerai poi il registro medio.

	Registro basso	Registro standard	Registro elevato
a. La vacanza <u>è iniziata</u> con una bella gita al lago.			
b. La stagione invernale <u>ha esordito</u> con una nevicata inattesa.			
c. A quel punto Paolo <u>ha attaccato</u> a blaterare cose senza senso!			

RIFLESSIONE SULLA LINGUA

E1. Leggi il periodo che segue: "Giovanni ha detto che avrebbe spedito la lettera nel pomeriggio ma non l'ha ancora fatto".
Il verbo della frase subordinata (avrebbe spedito) esprime, rispetto al verbo della frase principale (ha detto), un'azione che accade

A. ☐ contemporaneamente
B. ☐ prima
C. ☐ solitamente
D. ☐ dopo

1. AIUTO
Ragiona su quando si svolgono le azioni, sono contemporanee? Ce n'è una successiva? Se sì, quale? Ce n'è una precedente? Se sì, quale?

E2. La frase "È vietato gettare i rifiuti per terra" esprime

A. ☐ un desiderio
B. ☐ una proibizione
C. ☐ un ordine
D. ☐ una raccomandazione

2. AIUTO
Devi ragionare sull'espressione "è vietato". Che cosa indica?

E3. Nella frase "Lucia ed Elisa sono le più grandi della loro classe" c'è un aggettivo di grado

A. ☐ superlativo relativo
B. ☐ positivo
C. ☐ comparativo di maggioranza
D. ☐ superlativo assoluto

3. AIUTO
Individua innanzitutto l'aggettivo. Poi ragiona su di esso. C'è una comparazione o no? C'è un superlativo? Di che tipo?

E4. Indica la frase in cui c'è un predicato nominale.

A. ☐ È un esempio per tutti il coraggio di quel ragazzo!
B. ☐ La diva era seguita da un codazzo di giornalisti.
C. ☐ È nell'armadio di camera tua la giacca rossa.
D. ☐ Giovanni era tornato a casa prima del solito.

4. AIUTO
Ricordi che cos'è il predicato nominale? Il predicato nominale è formato dall'unione del verbo "essere" a un nome o un aggettivo che si riferiscono al soggetto, denotandone una qualità.

E5. Quale delle seguenti frasi non è in forma passiva?

A. ☐ I nuovi arrivati furono ospitati nella casa di un amico
B. ☐ Mia sorella è stata bocciata all'esame di maturità
C. ☐ Il treno era arrivato in stazione con mezz'ora di ritardo
D. ☐ Nelle ore di punta le vie della città sono intasate dal traffico

5. AIUTO
La forma passiva è possibile solo coi verbi transitivi. Cerca quale di questi verbi è invece intransitivo.

E6. **In quale delle seguenti frasi ci sono contemporaneamente un complemento di mezzo e uno di specificazione?**

A. ☐ Con te andrei in qualunque posto del mondo
B. ☐ La mattina della domenica mi piace alzarmi con calma
C. ☐ Un uomo con una valigia uscì dal portone del palazzo
D. ☐ La donna tagliò i capelli della figlia con una forbice

6. AIUTO

In questo caso non puoi fare altro che cercare i due complementi (magari puoi sottolinearli con colori diversi) e vedere dove sono presenti entrambi.

Il mio risultato:

Prova di comprensione del testo A	____**/11**
Prova di comprensione del testo B	____**/13**
Prova di comprensione del testo C	____**/8**
Lessico	____**/8**
Prova sulle conoscenze grammaticali	____**/6**
Punteggio totale	____**/46**

Ho trovato la prova:

☐ Difficile
☐ Più semplice di quanto pensassi
☐ Adeguata alle mie aspettative e capacità
☐ Altro ____________________

Prova
4

Testo A (testo narrativo)

Gallo spennato

Daniele ha dodici anni e un buffo ciuffo di capelli. Non importa quanto gel ci metta sopra o quanto tempo passi davanti allo specchio: quel ciuffo ribelle è sempre lì. Per questo Marco, un suo compagno di classe, lo ha soprannominato Gallo spennato. All'inizio Daniele ci ride sopra. Poi comincia a starci male, perché tutta la classe ormai lo chiama con quel soprannome, anche Manuela, la ragazza che gli piace. Un giorno Marco crea un gruppo su WhatsApp chiamato Gallo spennato e ci invita tutti i compagni di classe, compresa Manuela.

I ragazzi usano il gruppo per scambiarsi foto di Daniele scattate di nascosto e lo prendono in giro. Ma Daniele non risponde mai, perché lui è l'unico a non essere stato invitato nel gruppo di WhatsApp.

Finché un giorno, a ricreazione, si accorge che due compagni guardano lo smartphone e ridono e, chissà perché ogni tanto alzano la testa e sembrano puntare... proprio lui! Daniele si avvicina. I ragazzi fanno per mettere via l'apparecchio, ma è troppo tardi: Daniele ha visto che sullo schermo c'è una sua foto.

Sente salire la rabbia e strappa di mano lo smartphone al compagno. Scorre velocemente la conversazione su WhatsApp: ci sono messaggi di Giacomo, il suo migliore amico, che ride di lui. E Manuela, la ragazza che gli piace, ha scritto in un commento: "Poverino…"

Lo sta difendendo oppure anche lei lo sta prendendo in giro?

Daniele non lo sa. E non sa che cosa fare.

"È solo uno scherzo…" si giustificano i suoi compagni. "Che cosa fai adesso? Piangi?"

(Tratto da T. Benedetti e D. Morosinotto, *Cyberbulli al tappeto. Piccolo Manuale per l'uso dei social*, Editoriale Scienza, Trieste, 2016, rid. e adatt.)

A1. Daniele passa tanto tempo davanti allo specchio perché:

A. ☐ vuole farsi il ciuffo
B. ☒ ama mettersi il gel
C. ☐ è uno che tiene molto all'aspetto fisico
D. ☐ cerca di eliminare un ciuffo ribelle

A2. "Gallo spennato" è:

A. ☐ il soprannome di Marco
B. ☐ il nome di un gruppo WhatsApp
C. ☒ il soprannome di Daniele e il nome di un gruppo WhatsApp
D. ☐ il soprannome di Daniele

A3. Daniele:

A. ☐ è da sempre stato male per le prese in giro
B. ☒ all'inizio rideva sopra le prese in giro, poi ci sta male
C. ☐ ride sopra le prese in giro perché sa che Manuela non c'entra
D. ☐ inizia a star male per le prese in giro quando scopre il gruppo WhatsApp

A4. Chi fa parte del gruppo WhatsApp "Gallo spennato"?

A. [x] Tutti i compagni, compresa Manuela, tranne Daniele
B. [ ] Tutti i compagni, tranne Daniele e Manuela
C. [ ] Tutti i compagni, compresi Daniele e Manuela
D. [ ] Solo Marco e due suoi amici

A5. Che scopo ha il gruppo WhatsApp?

A. [ ] Passarsi informazioni e compiti
B. [x] Passarsi foto di Daniele e prenderlo in giro
C. [ ] Fare commenti sui compagni
D. [ ] Prendere in giro Manuela perché è fidanzata con Daniele

A6. Chi è il migliore amico di Daniele?

GIACOMO

A7. Come Daniele si accorge del gruppo WhatsApp?

A. [ ] Gliene parla Manuela
B. [ ] Gliene parla Giacomo
C. [x] Vede due compagni che guardano lo smartphone durante l'intervallo e ridono
D. [ ] Prende il cellulare di Giacomo

A8. Chi dice "poverino"?

MANUELA

A9. Che cosa si intende con la parola "poverino"?

A. [ ] Sicuramente che qualcuno lo sta difendendo
B. [ ] È una presa in giro
C. [ ] Che chi lo prende in giro è un poveretto
D. [x] Non si capisce se è una parola di difesa o di presa in giro

A10. Come reagiscono i compagni alla scoperta di Daniele?

A. [ ] Dicendo che era solo uno scherzo
B. [ ] Prendendolo in giro perché piange
C. [x] Dicendo che era solo uno scherzo ma anche prendendolo in giro perché piange
D. [ ] Non dicono nulla

A11. Gli eventi qui riportati non sono nell'ordine in cui l'autore li riporta nel testo. Mettili in ordine.

[5] Daniele vede che Manuela ha scritto sul gruppo di WhatsApp "poverino"
[2] Daniele ride coi compagni del soprannome "Gallo spennato"
[4] Daniele vede due compagni che guardano lo smartphone, lo guardano e ridono
[3] Marco crea il gruppo WhatsApp "Gallo spennato"
[1] Daniele comincia a star male del soprannome "Gallo spennato" perché anche Manuela usa quel soprannome
[6] Daniele non capisce cosa succede e non sa cosa fare

Testo B (testo descrittivo)

Che brutto clima! Cambiamolo

Alla fine del secolo il Pianeta Azzurro diventerà Rosso a causa dell'aumento delle temperature? Prospettiva poco allettante eppure alquanto probabile secondo il quinto rapporto dell'IPCC, il Rapporto intergovernativo sul cambiamento climatico, incaricato dall'Onu.

Negli ultimi tempi il gruppo degli "scettici" – però molto decisi sugli interessi economici da difendere – ha lavorato a fondo sui mass-media per diffondere notizie rassicuranti – e false – sul riscaldamento globale.

Adesso con le 30 pagine consegnate dall'IPCC, che anticipano le 2500 elaborate sulla base di 9200 pubblicazioni scientifiche, si fa piazza pulita di ogni tentativo di disinformazione.

Per dire al mondo la verità, molto amara: i primi responsabili del Global Warming siamo noi umani con le nostre attività. In sincerità questa conclusione non sorprende, perché viene dopo una lunga serie di analisi e di allarmi sullo stato del pianeta. Ma se gli scienziati di 61 Paesi (in 859 hanno lavorato al rapporto) avvertono che siamo a un punto di non ritorno, nessuno può più eludere la questione.

I dati impressionano: la temperatura del pianeta, entro fine secolo, salirà "appena" di 1,7 gradi se verranno prese le giuste misure per ridurre le emissioni. Altrimenti i gradi saranno almeno 4 in più. Gli oceani potranno aumentare da un minimo di 26 a un massimo di 82 centimetri (sono già cresciuti di 15 centimetri tra il 1986 e il 2005). La maggior parte dei ghiacciai - compresi quelli "eterni" dell'Himalaya - diminuirà fortemente entro il 2100. E si moltiplicheranno gli eventi atmosferici violenti, come anche le piogge torrenziali.

L'elenco delle conseguenze dell'uso eccessivo di combustibili fossili e della deforestazione delinea uno scenario apocalittico che si può ancora scongiurare, anche facendo pressione sui governi per inchiodarli alle loro responsabilità verso il futuro dell'umanità. Perché se dipende quasi tutto dai nostri comportamenti, spetta proprio a noi dimostrare di essere i più intelligenti della Terra. Cambiando il modo di produrre, di consumare, di smaltire, di vivere.

(Tratto da: Guglielmo Pepe, in «National Geographic»)

B1. **In base al testo che hai letto quali affermazioni sono vere e quali false?**

Affermazioni	Vero	Falso
1. Alla fine del secolo sicuramente il Pianeta Azzurro diventerà rosso per l'aumento delle temperature.		
2. Il gruppo degli scettici è molto deciso sugli interessi economici da difendere.		
3. I primi responsabili del Global Warming siamo noi umani.		
4. I dati permettono di sapere con precisione che la temperatura del pianeta entro fine secolo salirà di 1,7 gradi.		
5. Tra gli eventi che potrebbero moltiplicarsi ci sono anche le piogge torrenziali		

B2. Che cosa significa la sigla IPCC?

A. ☐ Intergovernmental Panel on Climate Change (Gruppo intergovernativo sul cambiamento climatico)
B. ☐ International Panel on Climate Change
C. ☐ International Political on Climate Change
D. ☐ Intergovernmental Political on Climate Change

B3. Il Gruppo degli scettici ha lavorato sui mass-media per:

A. ☐ difendere gli interessi economici
B. ☐ diffondere notizie rassicuranti e false sul riscaldamento globale
C. ☐ preparare un documento di 30 pagine sul clima
D. ☐ far piazza pulita sulla disinformazione

B4. Gli scienziati di quanti Paesi affermano che siamo a un punto di non ritorno?

A. ☐ 26
B. ☐ 859
C. ☐ 61
D. ☐ 82

B5. Di quanti centimetri sono cresciuti gli oceani tra il 1986 e il 2005?

A. ☐ 26
B. ☐ 82
C. ☐ 4
D. ☐ 15

B6. Che cosa diminuirà fortemente entro il 2100?

____

B7. La temperatura del Pianeta entro fine secolo:

A. ☐ salirà di 1,7 gradi
B. ☐ salirà di 4 gradi
C. ☐ salirà tra 1,7 e 4 gradi
D. ☐ salirà tra 26 e 82 gradi

B8. Le possibili conseguenze apocalittiche sono legate:

A. ☐ all'uso eccessivo dei combustibili fossili
B. ☐ all'uso eccessivo dei combustibili fossili e alla deforestazione
C. ☐ alla deforestazione
D. ☐ alle piogge torrenziali

B9. Lo scenario apocalittico:

A. ☐ si può ancora scongiurare
B. ☐ non si può più scongiurare
C. ☐ diminuirà fortemente entro il 2100
D. ☐ ha già cambiato il modo di produrre, consumare, smaltire e vivere

B10. Che cosa significa l'espressione "spetta proprio a noi dimostrare di essere i più intelligenti della Terra"?

____

Testo C (testo regolativo)

Ciclomotorista

Il conducente di un ciclomotore, detto in gergo *ciclomotorista*, deve aver compiuto 14 anni e aver conseguito il patentino. È inoltre obbligatorio l'uso del casco.

Patentino (art. 116)

1 bis. Per guidare un ciclomotore il minore che abbia compiuto 14 anni deve conseguire l'apposito patentino.

1 ter. Dal luglio 2005 l'obbligo del patentino è esteso ai maggiorenni che non siano già titolari di patente di guida.

13 bis. Il minore che, non munito di patente, guida ciclomotori senza aver conseguito l'idoneità è soggetto alla multa da € 555 a € 2220.

Trasporto su veicoli a motore a due ruote (art. 170)

1. Sui ciclomotori il conducente deve stare seduto in posizione corretta e deve reggere il manubrio con ambedue le mani, ovvero con una mano per le opportune segnalazioni. Non deve procedere sollevando la ruota anteriore.

1 bis. È vietato il trasporto di minori di anni cinque.

2. Sui ciclomotori è vietato il trasporto di altre persone oltre al conducente, salvo che il posto per il passeggero sia espressamente indicato nel certificato di circolazione e che il conducente abbia un'età superiore a 18 anni.

4. È vietato trainare o farsi trainare da altri veicoli.

5. È vietato trasportare oggetti che non siano solidamente assicurati, o che sporgano lateralmente oltre i 50 cm rispetto all'asse del veicolo, o che limitino la visibilità. Entro i predetti limiti è consentito il trasporto di animali custoditi in gabbia o contenitore.

6. Ogni infrazione è soggetta alla multa da € 76 a € 306.

6 bis. Per chi viola l'1 bis, la multa è da € 152 a € 608.

7. Le infrazioni 1 e 2, se commesse da minorenne, comportano anche il fermo del veicolo per 60 giorni.

Uso del casco protettivo (art. 171)

1. Durante la marcia ai conducenti di ciclomotori è fatto obbligo di indossare e di tenere regolarmente allacciato il casco protettivo conforme ai tipi omologati.

Documenti di circolazione (art. 180)

1. Il conducente di ciclomotore deve avere con sé:
- carta di circolazione del veicolo (libretto);
- patente di guida valida;
- certificato di assicurazione obbligatoria.

Il casco

Il casco è indispensabile, oltre che obbligatorio, per la sicurezza stradale del ciclomotorista. Nello scontro fra una motocicletta a 20 km/h e un'automobile che procede in verso opposto a 40 km/h, il motociclista può cadere e subire un trauma alla testa paragonabile alla caduta dal quarto piano di un edificio. Se il motociclista indossa il casco ben allacciato, riduce del 75% il rischio di trauma cranico.

Struttura del casco

I caschi sono progettati per assorbire il più possibile l'urto e distribuirne la forza su un'ampia superficie. In questo modo viene ridotta la pressione applicata alle ossa del cranio. I caschi hanno una calotta rigida all'esterno, in policarbonato o in fibra di vetro, e due imbottiture all'interno:

- quella esterna di *protezione* è in polistirolo espanso, che si deforma nell'urto e ne assorbe l'energia;
- l'imbottitura interna *di conforto*, invece, è sagomata in spugna di poliuretano per adattare il casco alla forma della testa. Utilizzando diversi spessori di spugna si possono ottenere le diverse taglie.

Il casco è un copricapo di protezione monouso: dopo un urto, l'imbottitura di protezione non ha più le caratteristiche originali di assorbimento e il casco va sostituito.

Taglia del casco

Quando scegliamo il casco proviamolo con molta attenzione: la taglia deve essere la più adatta possibile. Il casco non deve premere troppo sul cranio e, girando la testa, deve seguirne i movimenti, senza scivolare da qualche parte. Le fibbie devono allacciarsi bene, in modo che il vento o i movimenti della testa non spingano via la calotta. Un casco non allacciato o allentato rischia di sfuggire via in caso di urto violento.

Il ciclomotore è un veicolo a due ruote con «equilibrio dinamico», privo del guscio protettivo dell'automobile. Per non cadere di sella dobbiamo usare altri accorgimenti, oltre a quelli elencati nel Codice. Per esempio:

- all'*incrocio* facciamo attenzione e rallentiamo, anche se abbiamo la precedenza;
- nel *sorpasso* di un'auto che si è fermata facciamo attenzione all'apertura dello sportello;
- nella *frenata* usiamo entrambi i freni;
- con la *strada bagnata* aumentiamo la distanza di sicurezza, perché l'aderenza delle ruote si riduce e la frenata diventa più lunga.

C1. **Chi è il ciclomotorista?**

____

C2. **Il patentino è necessario per:**

A. ☐ una persona che non abbia ancora compiuto 14 anni
B. ☐ una persona che non abbia ancora compiuto 14 anni e voglia guidare il motorino
C. ☐ una persona che abbia compiuto 14 anni e voglia guidare il motorino
D. ☐ una persona che voglia guidare il motorino anche se ha già la patente

C3. In quale articolo sono stabilite le regole sul patentino?

A. ☐ 116
B. ☐ 1.bis
C. ☐ 1 ter
D. ☐ 13 bis

C4. Quali di queste affermazioni sono vere e quali false?

Affermazioni	Vero	Falso
1. Il minore che, guida ciclomotori non munito di patente è soggetto alla multa da € 152 a € 608.		
2. Chi trasporta sul ciclomotore minori di anni cinque è soggetto alla multa da € 152 a € 608.		
3. Chi trasporta sul ciclomotore oggetti o persone in modo inappropriato e soggetto alla multa da € 76 a € 306.		
4. Un minorenne non può trasportare persone sul ciclomotore.		
5. Un minorenne che commette infrazioni, può incorrere nel fermo del ciclomotore per 60 giorni.		

C5. Di quanti centimetri possono sporgere gli oggetti trasportati su un ciclomotore?

A. ☐ 20
B. ☐ 30
C. ☐ 40
D. ☐ 50

C6. Quale dei seguenti documenti NON deve avere con sé il conducente di un ciclomotore?

A. ☐ carta di circolazione del veicolo (libretto)
B. ☐ patente di guida valida
C. ☐ certificato di acquisto
D. ☐ certificato di assicurazione obbligatoria.

C7. Il trasporto di animali sul ciclomotore:

A. ☐ non è mai permessa
B. ☐ è sempre permessa
C. ☐ non è normata
D. ☐ è permessa, se custoditi in gabbia o contenitore

C8. Per chi è obbligatorio l'uso del casco?

____

C9. Di quanto l'uso del casco riduce il rischio di trauma cranico?

A. ☐ 75%
B. ☐ 20%
C. ☐ 40%
D. ☐ non si sa

C10. Il trauma per la caduta da un ciclomotore che viaggia a 20 Km/h è paragonabile a:

A. ☐ Quello di chi fuoriesce da un'auto che viaggia a 40 Km/h
B. ☐ Quello di chi cade dal quarto piano
C. ☐ Dipende da come è allacciato il casco
D. ☐ Dipende dal tipo di casco

C11. Quali di queste affermazioni sono vere e quali false?

Affermazioni	Vero	Falso
1. Il casco non deve premere troppo sul cranio.		
2. La testa deve ruotare liberamente all'interno del casco.		
3. Il casco deve seguire i movimenti della testa, senza scivolare da qualche parte.		
4. Le fibbie devono allacciarsi bene.		
5. La calotta deve poter uscire se spinto dal vento o dai movimenti della testa.		

C12. Come può essere definito il ciclomotore?

____

C13. Come si chiama il testo che fornisce le regole per la guida del ciclomotore?

____

C14. Quale delle seguenti affermazioni NON è corretta?

A. ☐ all'*incrocio* facciamo attenzione e rallentiamo, anche se abbiamo la precedenza
B. ☐ Se proveniamo da destra, per sicurezza dobbiamo dare la precedenza
C. ☐ nel *sorpasso* di un'auto che si è fermata facciamo attenzione all'apertura dello sportello;
D. ☐ nella *frenata* usiamo entrambi i freni;

C15. Perché con la strada bagnata dobbiamo aumentare la distanza di sicurezza?

____

LESSICO

D1. **Indica in quali dei seguenti oggetti *in-* è un prefisso con valore negativo e in quali non lo è.**

Aggettivo	*in-* è un prefisso con valore negativo	*in-* non è un prefisso con valore negativo
a. indeciso		
b. intenso		
c. innamorato		
d. interno		
e. incapace		
f. integrale		
g. incivile		
h. insolubile		

D2. **In quale delle seguenti frasi c'è una espressione polirematica (cioè un gruppo di parole con un significato unitario, ad es.: *asilo nido, vasca da bagno*)?**

A. ☐ La ruota della bicicletta era deformata e allora l'ho sostituita con una nuova.
B. ☐ Ieri durante la cena a casa di amici è arrivato all'improvviso mio cugino Francesco.
C. ☐ Guarda che le decisioni sulle vacanze dobbiamo prenderle assieme!
D. ☐ A Carnevale le strade si colorano di stelle filanti e di coriandoli.

D3. **Leggi con attenzione la voce seguente, tratta da un dizionario. Poi, per ognuna delle affermazioni in tabella, indica se è vera o falsa. (INVALSI 2012-2013)**

> ***sordastro*** [sor-dà-stro] agg., s.
> - agg. Parzialmente sordo; nel l. corrente, che soffre di un leggero difetto uditivo [SIN] med. ipoacusico
> - s.m. (f. *-stra*) Nel sign. dell'agg.
> - sec. XVI

Metti una crocetta per ogni riga.

Affermazioni	Vero	Falso
a. La parola *sordastro* può essere sia un aggettivo che un nome.		
b. La parola *sordastro* è composta di 4 sillabe.		
c. La parola *sordastro* ha cominciato a essere usata nel '500.		
d. Il plurale di *sordastro* è irregolare.		
e. *Sordastro* è sinonimo di sordo.		
f. *Sordastro* in linguaggio medico si dice *ipoacusico*.		

D4. **Scrivi la parola che corrisponde alla definizione.**

Esempio: Edificio adibito ad abitazione dell'uomo: (nome che inizia per c) ____________

Rendere pulito qualcosa usando acqua o altro liquido: (verbo che inizia con l) ____________

D5. **Scegli fra le quattro alternative proposte quella che completa la parola o la frase evidenziata (forma cioè una "collocazione lessicale").**

Esempio:

dilazionare ______________

1. ☐ un argomento
2. ☐ un pagamento
3. ☐ una fessura
4. ☐ una spia

__________ a genio

1. ☐ Andare
2. ☐ Comprare
3. ☐ Essere
4. ☐ Portare

D6. **Nelle frasi che seguono manca la stessa parola, usata con significati di volta in volta diversi. Scrivi la parola mancante nella casella corrispondente.**

Esempio:

Al telegiornale hanno trasmesso un interessante __________ sul tema del riciclo dei rifiuti.

Il __________ da tè in mostra è decorato in oro

Il __________ di leva obbligatorio è stato abolito per legge

Parola corretta: __________

1. L'insegnante ha chiesto a Gigi di indicargli sulla ________ geografica dove si trova Napoli.
2. L'imbianchino sta pulendo con la ________ vetrata la superficie da verniciare.
3. L'operatore mi ha detto che si può pagare anche con ________ di credito.

Parola corretta: ________

D7. **Indica se l'espressione sottolineata nelle frasi che seguono è usata:**

a) in senso informale (registro basso);

b) in senso neutro (registro standard);

c) in senso formale (registro elevato).

	Registro basso	Registro standard	Registro elevato
1. E smorza 'sto coso che non capisco niente!			
2. Per favore, può regolare il volume dello stereo? Non riesco a concentrarmi.			
3. Si può abbassare il volume?			

RIFLESSIONE SULLA LINGUA

E1. **Riscrivi il seguente periodo in modo opportuno inserendo le lettere maiuscole.**
"galileo galilei, nato in toscana, sosteneva che la terra girasse attorno al sole. oggi è ritenuto da tutti uno dei più grandi scienziati della sua epoca."

____

____

E2. **Qual è la corretta divisione in sillabe della parola *aritmetica*?**

A. ☐ ARIT – ME - TICA
B. ☐ A – RIT – ME – TI - CA
C. ☐ ARIT – ME – TI - CA
D. ☐ A – RIT – METI – CA

E3. **Nella frase "Avrei preferito sapere tutto fin dall'inizio" in quale modo e tempo è coniugato il verbo *preferire*? Scrivili qui di seguito.**

Modo = ____________________

Tempo = ____________________

E4. **A quale categoria grammaticale appartengono le parole sottolineate? Metti una crocetta per ogni riga.**

	aggettivo	pronome
a. <u>Molti</u> credono negli oroscopi.		
b. <u>Qualunque</u> cosa mi regalerai, sarà ben accetta.		
c. Mi sono rimaste soltanto <u>due</u> matite nell'astuccio.		
d. In centro non ho incontrato <u>nessuno</u> che conoscessi.		

E5. **Nella frase "*la commedia teatrale <u>per cui</u> hai riso molto, è stato interpretata da attori non professionisti*" le parole sottolineate svolgono la funzione di:**

A. ☐ complemento di strumento
B. ☐ complemento di fine
C. ☐ complemento di causa
D. ☐ complemento di modo

E6. **Nelle seguenti frasi stabilisci se le parole sottolineate costituiscono il soggetto partitivo, il complemento oggetto partitivo o il complemento partitivo.**

	soggetto partitivo	complemento oggetto partitivo	complemento partitivo
a. Abbiamo comprato dei pomodori per l'insalata.			
b. Molti dei miei amici giocano a calcetto.			
c. In frigorifero c'è del salmone affumicato.			
d. Dei miei colleghi passeranno le vacanze all'estero.			

E7. **La seguente frase è passiva, trasformala in forma attiva.**

"La partita fu interrotta dall'arbitro a causa della fitta nevicata."

____

E8. **In quale dei seguenti periodi è presente una proposizione interrogativa indiretta?**

A. ☐ In quel momento avrei voluto chiederti: "Perché parli così poco?".
B. ☐ Non vedo l'ora di finire questo quiz.
C. ☐ Dimmi perché ti sei comportato così.
D. ☐ Che cosa hai mangiato? Dimmelo!

Il mio risultato:

Prova di comprensione del testo A	___/11
Prova di comprensione del testo B	___/10
Prova di comprensione del testo C	___/15
Lessico	___/7
Prova sulle conoscenze grammaticali	___/8
Punteggio totale	___/51

Ho trovato la prova:

☐ Difficile
☐ Più semplice di quanto pensassi
☐ Adeguata alle mie aspettative e capacità
☐ Altro ______________________

Testo A (testo narrativo)

Uno strano cavaliere

Carlomagno doveva passare in rivista i paladini. Già da più di tre ore erano lì; faceva caldo; era un pomeriggio di prima estate, un po' coperto, nuvoloso; nelle armature si bolliva come in pentole tenute a fuoco lento. Non è detto che qualcuno in quell'immobile fila di cavalieri già non avesse perso i sensi o non si fosse assopito, ma l'armatura li reggeva impettiti in sella tutti a un modo. D'un tratto, tre squilli di tromba: le piume dei cimieri[1] sussultarono nell'aria ferma come a uno sbuffo di vento, e tacque subito quella specie di mugghio marino che s'era sentito fin qui, ed era, si vede, un russare di guerrieri incupito dalle gole metalliche degli elmi. Finalmente ecco, lo scorsero che avanzava laggiù in fondo, Carlomagno, su un cavallo che pareva più grande del naturale, con la barba sul petto, le mani sul pomo della sella. Regna e guerreggia, guerreggia e regna, dài e dài, pareva un po' invecchiato, dall'ultima volta che l'avevano visto quei guerrieri. Fermava il cavallo a ogni ufficiale e si voltava a guardarlo da su in giù. – E chi siete voi, paladino di Francia? – Salomon di Bretagna, sire! – rispondeva quello a tutta voce, alzando la celata[2] e scoprendo il viso accalorato; e aggiungeva qualche notizia pratica, come sarebbe: – Cinquemila cavalieri, tremilacinquecento fanti, milleottocento i servizi, cinque anni di campagna. – Sotto coi brètoni, paladino! – diceva Carlo, e toc toc, toc toc, se ne arrivava a un altro capo di squadrone. – Ecchisietevòi, paladino di Francia? – riattaccava. – Ulivieri di Vienna, sire! – scandivano le labbra appena la griglia dell'elmo s'era sollevata. E lì: – Tremila cavalieri scelti, settemila la truppa, venti macchine da assedio. Vincitore del pagano Fierabraccia per grazia di Dio e gloria di Carlo re dei Franchi! – Ben fatto, bravo il viennese, – diceva Carlomagno, e agli ufficiali del seguito: – Magrolini quei cavalli, aumentategli la biada –. E andava avanti: – Ecchisietevòi, paladino di Francia? – ripeteva, sempre con la stessa cadenza: "Tàtta tatatài tàta tàta tatàta..." – Bernardo di Mompolier, sire! Vincitore di Brunamonte e Galiferno. – Bella città Mompolier! Città delle belle donne! e al seguito: – Vedi se lo passiamo di grado –. Tutte cose che dette dal re fanno piacere, ma erano sempre le stesse battute, da tanti anni. – Ecchisietevòi, con quello stemma che conosco? – Conosceva tutti dall'arma che portavano sullo scudo, senza bisogno che dicessero niente, ma così era l'usanza che fossero loro a palesare il nome e il viso. Forse perché altrimenti qualcuno, avendo di meglio da fare che prender parte alla rivista, avrebbe potuto mandar lì la sua armatura con un altro dentro. – Alardo di Dordona, del duca Amone. – In gamba Alardo, cosa dice il papà, – e così via. "Tàtta tatatài tàta tàta tatàta..." – Gualfré di Mongioja! Cavalieri ottomila tranne i morti! Ondeggiavano i cimieri. – Uggeri Danese! Namo di Baviera! Palmerino d'Inghilterra! Veniva sera. I visi, di tra la ventaglia[3] e la bavaglia[4], non si distinguevano neanche più tanto bene. Ogni parola, ogni gesto era prevedibile ormai, e così tutto in quella guerra durata da tanti anni, ogni scontro, ogni duello, condotto sempre

1 Cimiero: elemento ornamentale che si innalza dall'elmo.
2 Celata: tipo di elmo.
3 Ventaglia: griglia che chiude l'elmo.
4 Bavaglia: parte mobile dell'elmo.

secondo quelle regole, cosicché si sapeva già oggi per domani chi avrebbe vinto, chi perso, chi sarebbe stato eroe, chi vigliacco, a chi toccava di restare sbudellato e chi se la sarebbe cavata con un disarcionamento e una culata in terra. Sulle corazze, la sera al lume delle torce i fabbri martellavano sempre le stesse ammaccature. – E voi? – Il re era giunto di fronte a un cavaliere dall'armatura tutta bianca; solo una righina nera correva torno torno ai bordi; per il resto era candida, ben tenuta, senza un graffio, ben rifinita in ogni giunto, sormontata sull'elmo da un pennacchio di chissà che razza orientale di gallo, cangiante d'ogni colore dell'iride. Sullo scudo c'era disegnato uno stemma tra due lembi d'un ampio manto drappeggiato, e dentro lo stemma s'aprivano altri due lembi di manto con in mezzo uno stemma più piccolo, che conteneva un altro stemma ammantato più piccolo ancora. Con disegno sempre più sottile era raffigurato un seguito di manti che si schiudevano uno dentro l'altro, e in mezzo ci doveva essere chissà che cosa, ma non si riusciva a scorgere, tanto il disegno diventava minuto. – E voi lì, messo su così in pulito... – disse Carlomagno che, più la guerra durava, meno rispetto della pulizia nei paladini gli capitava di vedere. – Io sono – la voce giungeva metallica da dentro l'elmo chiuso, come fosse non una gola ma la stessa lamiera dell'armatura a vibrare, e con un lieve rimbombo d'eco – Agilulfo Emo Bertrandino dei Guildiverni e degli Altri di Corbentraz e Sura, cavaliere di Selimpia Citeriore e Fez! – Aaah... – fece Carlomagno e dal labbro di sotto, sporto avanti, gli uscì anche un piccolo strombettio, come a dire: "Dovessi ricordarmi il nome di tutti, starei fresco!" Ma subito aggrottò le ciglia. – E perché non alzate la celata e non mostrate il vostro viso? – Il cavaliere non fece nessun gesto; la sua destra inguantata d'una ferrea e ben connessa manopola si serrò più forte all'arcione, mentre l'altro braccio, che reggeva lo scudo, parve scosso come da un brivido. – Dico a voi, ehi, paladino! – insisté Carlomagno. – Com'è che non mostrate la faccia al vostro re? – La voce uscì netta dal barbazzale[5]. – Perché io non esisto, sire. – O questa poi! – esclamò l'imperatore. – Adesso ci abbiamo in forza anche un cavaliere che non esiste! Fate un po' vedere. – Agilulfo parve ancora esitare un momento, poi con mano ferma ma lenta sollevò la celata. L'elmo era vuoto. Nell'armatura bianca dall'iridescente cimiero non c'era dentro nessuno. – Mah, mah! Quante se ne vedono! – fece Carlomagno. – E com'è che fate a prestar servizio, se non ci siete? – Con la forza di volontà, – disse Agilulfo, – e la fede nella nostra santa causa! – E già, e già, ben detto, è così che si fa il proprio dovere. Be', per essere uno che non esiste, siete in gamba! Agilulfo era il serrafila. L'imperatore ormai aveva passato la rivista a tutti; voltò il cavallo e s'allontanò verso le tende reali. Era vecchio, e tendeva ad allontanare dalla mente le questioni complicate. La tromba suonò il segnale del «rompete le righe». Ci fu il solito sbandarsi di cavalli, e il gran bosco delle lance si piegò, si mosse a onde come un campo di grano quando passa il vento.

(Da I. Calvino, *Il cavaliere inesistente*)

5 Barbazzale: catenella che si mette dietro la barbozza del cavallo, fissandola al morso.

A1. Quando inizia la vicenda?

A. ☐ In un nuvoloso pomeriggio di fine estate
B. ☐ In un caldo mezzogiorno estivo
C. ☐ In un pomeriggio di inizio estate
D. ☐ Alle tre di pomeriggio d'estate

A2. Nel testo si dice che nelle armature si bolliva come...? Rintraccia l'informazione nel testo.

A. ☐ In forno a fuoco lento
B. ☐ Dentro fusti di metallo arroventati
C. ☐ Alberi durante un incendio estivo
D. ☐ In pentole

A3. Quale segnale annuncia l'arrivo di Carlomagno? Rintraccia l'informazione nel testo e scrivila nello spazio sottostante.

____

A4. L'espressione "quella specie di mugghio marino" (riga 6) significa:

A. ☐ quel tipo di rumore prodotto dai fiumi che si gettano nel mare
B. ☐ quella specie di forte rumore tipico del mare agitato
C. ☐ quel rumore improvviso
D. ☐ quel tipico calore estivo

A5. L'espressione "Regna e guerreggia, guerreggia e regna, dài e dài" (righe 9-10) lascia intendere che:

A. ☐ i cavalieri avevano sempre visto l'imperatore in battaglia
B. ☐ Carlomagno era stato impegnato a lungo nel governo dell'Impero
C. ☐ Carlomagno combatteva con la stessa forza di quando era giovane
D. ☐ il tempo era passato anche per un grande imperatore come Carlomagno

A6. Come viene descritto Carlomagno? Individua le affermazioni vere e quelle false.

Affermazioni	Vero	Falso
a. Arriva su un cavallo.		
b. Ha una lunga barba.		
c. Tiene in mano una spada.		
d. Dimostra un'età inferiore a quella effettiva.		
e. È scortato da sette cavalieri.		
f. Passa in rassegna le truppe, cavaliere per cavaliere.		

A7. L'espressione "Tàtta tatatài tàta tàta tatàta..." (riga 22) indica:

A. ☐ il suono della voce "metallica" dell'imperatore
B. ☐ il ritmo e la cadenza con cui Carlomagno rivolgeva a tutti la stessa domanda
C. ☐ la cadenza della voce del cavaliere Bernardo di Mompolier
D. ☐ il rumore degli zoccoli dei cavalli

A8. **"Cosicché" (riga 35) potrebbe essere sostituito da:**

A. ☐ tantoché
B. ☐ sebbene
C. ☐ fino a che
D. ☐ come se

A9. **Quanto dura lo strano appello di Carlomagno? Rintraccia l'informazione nel testo.**

A. ☐ Per alcuni minuti
B. ☐ Fino a notte fonda
C. ☐ Per un'ora circa
D. ☐ Fino a sera

A10. **Carlomagno rivolge a tutti i cavalieri la stessa domanda circa la loro identità ma in realtà li riconosce da un particolare del loro abbigliamento: quale?**

A. ☐ L'elmo
B. ☐ Il tipo di armatura
C. ☐ Lo scudo
D. ☐ La spada

A11. **Carlomagno arriva davanti a un cavaliere "dall'armatura tutta bianca" (riga 39). Rileggi attentamente le righe successive e metti una crocetta dove ritieni opportuno, indicando se le affermazioni sono vere o false.**

Affermazioni	Vero	Falso
a. L'armatura è intatta, senza ammaccature.		
b. L'elmo è senza pennacchio.		
c. L'armatura è contornata da una sottile riga nera.		
d. Lo scudo non contiene stemmi.		
e. Carlomagno si stupisce della pulizia dell'armatura.		
f. L'armatura appare pulita ma fragile.		

A12. **Cosa significa l'espressione "aggrottare le ciglia"? Quale stato d'animo comunica? Completa le seguenti tabelle. "Ma subito aggrottò le ciglia" (riga 53).**

	Sì	No
a. Alzare le ciglia		
b. Curvare le ciglia		

	Sì	No
a. Severità/aggressività		
b. Stupore/curiosità		

A13. **Perché inizialmente il cavaliere non mostra il suo volto all'imperatore?**

A. ☐ Perché nell'armatura non c'è nulla e la cosa risulterebbe strana
B. ☐ Perché il cavaliere non fa parte dell'esercito di Carlomagno
C. ☐ Perché Agilulfo non vuole mostrare il suo vero volto
D. ☐ Perché Agilulfo è il fantasma di un cavaliere morto in battaglia

A14. **Cosa risponde Agilulfo all'obiezione di Carlomagno che chiede come sia in grado di combattere un cavaliere inesistente? Rintraccia l'informazione nel testo e scrivila nello spazio sottostante.**

____

A15. **Alla riga 65 si dice che Agilulfo era il "serrafila", ovvero:**

A. ☐ il capo del suo battaglione
B. ☐ il primo della fila
C. ☐ l'ultimo della fila
D. ☐ colui che tiene ordinato l'esercito

A16. **Perché l'imperatore "tendeva ad allontanare dalla mente le questioni complicate"? (Riga 66).**

A. ☐ Perché aveva altri pensieri
B. ☐ Per la stanchezza
C. ☐ Per il caldo
D. ☐ A causa della vecchiaia

A17. **Rileggi con attenzione le righe 67 e 68: "il gran bosco delle lance si piegò, si mosse a onde <u>come</u> un campo di grano quando passa il vento". La parola sottolineata introduce una figura retorica: quale?**

A. ☐ Metafora
B. ☐ Metonimia
C. ☐ Sinestesia
D. ☐ Similitudine

A18. **Come definiresti questo testo?**

A. ☐ Una cronaca medievale
B. ☐ Un esempio di letteratura fantastica
C. ☐ Un racconto ironico ma realistico
D. ☐ Una pagina tratta da un poema epico cavalleresco

Testo B (testo espositivo)

Il cervello dei gamer addestra l'AI

La Difesa degli Stati Uniti finanzia un progetto per studiare il cervello dei videogiocatori (gamer) e ricrearlo sotto forma di AI per impieghi militari.

Siete imbattibili ai videogiochi? Potreste offrirvi come cavie per il prossimo studio dell'Università di Buffalo, nello Stato di New York. Obiettivo della ricerca è ricavare informazioni utili per la messa a punto di un sistema di Intelligenza Artificiale (AI) che sia capace di controllare e coordinare spostamenti e azioni di un'intera flotta di robot militari.

Dall'esercito all'università. Non a caso lo studio è stato finanziato con oltre 300.000 dollari dalla DARPA, l'agenzia del governo di Washington che si occupa di progetti speciali in ambito militare e strategico. I partecipanti al test dovranno giocare partite da 5-10 minuti a un gioco di strategia appositamente sviluppato dai ricercatori. Durante le sessioni di gioco gli scienziati sottoporranno il cervello dei gamer a elettroencefalogramma, e registreranno il movimento dei loro occhi sullo schermo con telecamere ad alta velocità.

Tutto sotto controllo. I dati ricavati dallo studio di 25 soggetti, tutti reclutati tra videogiocatori con una lunga esperienza dietro il joystick e una comprovata storia di successi, verranno utilizzati per addestrare un'AI di nuova generazione, in grado di controllare contemporaneamente il movimento di 250 robot sia a terra sia in cielo, in ambienti altamente imprevedibili. Per esempio dove la visibilità diminuisce improvvisamente a causa del fumo, o dove compaiono ostacoli che sbarrano la strada o costringono a cambiare repentinamente rotta.

Imprevedibilmente... AI. «Gli esseri umani possono trovare strategie uniche e originali alle quali un computer potrebbe non arrivare mai. La maggior parte delle applicazioni pratiche dell'AI che vediamo oggi sono confinate ad ambienti deterministici[1], dove è relativamente facile prevedere l'evoluzione del sistema» spiegano i ricercatori alla stampa. «Ma come si comporterebbero in un ambiente reale?». Obiettivo dei ricercatori non è tanto realizzare una *superintelligenza* capace di controllare nel dettaglio le azioni di centinaia di macchine contemporaneamente, quanto creare un software capace di coordinarne il comportamento, grazie a una visione d'insieme del sistema nel suo complesso.

Colonnello[2] Robot. Durante un'operazione militare, per esempio, ciascuna unità sa che cosa deve fare e come muoversi nell'ambiente, ma è il coordinamento centrale che fornisce indicazioni sulla direzione da seguire, che decide se è il momento giusto per attaccare il nemico o se è invece meglio ritirarsi. Questa guida è ciò che gli scienziati di Buffalo vogliono ricreare sotto forma di Intelligenza Artificiale.

(Adattato da https://www.focus.it/tecnologia/innovazione/il-cervello-dei-gamer-addestra-l-ai)

---

1 Ambienti deterministici: ambienti caratterizzati da poche variabili, facili da analizzare e gestire per un'Intelligenza Artificiale, per esempio una linea della metropolitana (ne esistono già infatti a guida autonoma anche in Italia).
2 Colonnello: importante capo militare (comandante di reggimento).

B1. **Chi finanzia il progetto di ricerca su gamer e AI?**

A. ☐ La città di Washington
B. ☐ La Difesa degli Stati Uniti
C. ☐ L'Università di Buffalo
D. ☐ Lo Stato di New York

B2. **Alla riga 3 si parla di "cavie". Cosa si intende nel contesto del brano?**

A. ☐ Uomini che studiano animali in laboratorio
B. ☐ Persone che si comportano come animali
C. ☐ Animali da laboratorio
D. ☐ Uomini che si offrono volontariamente per studi scientifici

B3. **Chi si occupa di mettere in pratica le attività di ricerca?**

A. ☐ I ricercatori di varie università dello Stato di New York
B. ☐ Il governo degli Stati Uniti
C. ☐ L'agenzia DARPA
D. ☐ I ricercatori dell'Università di Buffalo

B4. **Quale somma di denaro è stata stanziata per la ricerca? Rintraccia l'informazione nel testo e scrivila nello spazio sottostante.**

____

B5. **Il testo dice che verranno analizzati i dati di:**

A. ☐ un numero imprecisato di individui
B. ☐ tutti i migliori gamer americani
C. ☐ 250 gamer
D. ☐ 25 gamer

B6. **Quale caratteristica deve avere il gamer che si sottopone alla ricerca?**

A. ☐ Esperienza
B. ☐ Esperienza e successi
C. ☐ Grande abilità anche nei giochi di ruolo
D. ☐ Capacità di stare davanti allo schermo per ore

B7. **Qual è l'obiettivo ultimo della ricerca?**

A. ☐ Addestrare i gamer per fini militari
B. ☐ Migliorare i software dei videogiochi
C. ☐ Addestrare le AI che si occupano di protezione del territorio
D. ☐ La creazione di un software a scopo militare

B8. **Cosa accade al gamer durante le sessioni di gioco? Metti una crocetta dove ritieni opportuno.**

Affermazioni	Vero	Falso
a. È sottoposto al controllo della pressione arteriosa.		
b. È sottoposto a encefalogramma.		
c. È registrato il movimento dei suoi occhi.		
d. È sottoposto a elettrocardiogramma.		

B9. **Alla riga 23 si dice "spiegano i ricercatori alla stampa". Questo lascia intendere che:**

A. ☐ la notizia della ricerca è nota all'opinione pubblica
B. ☐ questo studio è segreto
C. ☐ la notizia della ricerca è nota ai soli giornalisti
D. ☐ la notizia della ricerca circolerà solo tra i ricercatori

B10. **Perché gli scienziati studiano il cervello umano per addestrare l'AI? In che cosa differisce il cervello dell'uomo da quello di un computer? Rintraccia l'informazione nel testo e scrivila nello spazio sottostante.**

B11. **Il testo è suddiviso in paragrafi, ciascuno dei quali con titoli ben in evidenza (Dall'esercito all'università, ecc.). Per quali motivi l'autore ha operato questa scelta? Quali effetti provoca sul lettore? Metti una crocetta dove ritieni opportuno.**

	Sì	No
a. Dare maggiore importanza all'intero articolo.		
b. Aumentare la curiosità del lettore.		
c. Indurre il lettore ad approfondire la notizia.		
d. Migliorare la comprensibilità, suddividendo gli argomenti.		
e. Migliorare l'impatto visivo della pagina.		
f. Esprimere un giudizio personale sulla notizia data.		

B12. **Il titolo del paragrafo "Colonnello Robot" è l'unione di due parole e due mondi: l'uomo e la macchina. Quale potrebbe essere il possibile riassunto del paragrafo?**

A. ☐ Gli scienziati studiano la possibilità di creare un super robot capace di comandare molti uomini come fa un colonnello
B. ☐ Gli scienziati vorrebbero creare un'AI capace di coordinare le azioni di tanti robot come fa un colonnello con tanti soldati disposti su un campo di battaglia
C. ☐ I ricercatori stanno cercando il modo di creare robot con intelligenza superiore a quella umana
D. ☐ L'Intelligenza Artificiale non sarà mai all'altezza di quella umana

B13. **Qual è la definizione di "software"? (Riga 26).**

A. ☐ Insieme delle componenti immateriali di un sistema elettronico (programmi)
B. ☐ Hard disk
C. ☐ Parte materiale di un sistema operativo
D. ☐ Applicazione (App)

B14. **La finalità del testo è:**

A. ☐ convincere
B. ☐ divertire
C. ☐ esprimere opinioni
D. ☐ informare

Testo C (testo non continuo)

I soldi non fanno la felicità. Lo sport sì

La felicità non si compra con i soldi, ma la si può conquistare praticando sport in modo regolare (lo dice la scienza!)

Vuoi essere felice? Lascia perdere soldi e ricchezza e inizia a correre. È la conclusione di un recente studio condotto dai ricercatori delle università di Yale e Oxford, che evidenzia come l'impatto positivo dello sport sul nostro umore sia molto più alto rispetto a quello che può offrire la ricchezza materiale. La ricerca, pubblicata sull'ultimo numero di *The Lancet*[1], ha coinvolto oltre 1.200.000 cittadini americani ai quali è stato inviato un questionario nel quale si chiedeva loro quante volte si fossero sentiti tristi, depressi o stressati negli ultimi 30 giorni. Ai partecipanti sono inoltre state poste domande sulla quantità e la qualità dell'attività fisica svolta, e sulla situazione economica personale.

Il divano della tristezza. Dai dati emerge che chi fa regolarmente attività fisica si sente giù mediamente 35 giorni all'anno contro i 53 dei sedentari. Non solo: secondo la ricerca una persona inattiva raggiunge lo stesso livello di felicità di un atleta soltanto guadagnando almeno 25 mila dollari all'anno in più. Sembra insomma che per gli amanti del divano il prezzo della felicità sia ben più alto rispetto al costo di un abbonamento alla più prestigiosa delle palestre o di un abbigliamento da running di ultima generazione.

Lo stesso studio dimostra però che la correlazione tra felicità e numero di ore passate ad allenarsi a un certo punto si inverte: eccedere con lo sport diventa controproducente non solo per il fisico, ma anche per il benessere mentale. Il limite sembra essere di 3 ore giornaliere. Secondo i ricercatori il massimo beneficio sull'umore si ottiene con 3-5 sedute di allenamento a settimana della durata compresa tra 30 e 60 minuti. Ma c'è uno sport che influisce più di altri sul benessere psicologico? Per la scienza i più efficaci sono gli sport di squadra, anche se lo spirito competitivo può portare a discussioni con i compagni o gli avversari.

1 *The Lancet*: rivista scientifica inglese di ambito medico.

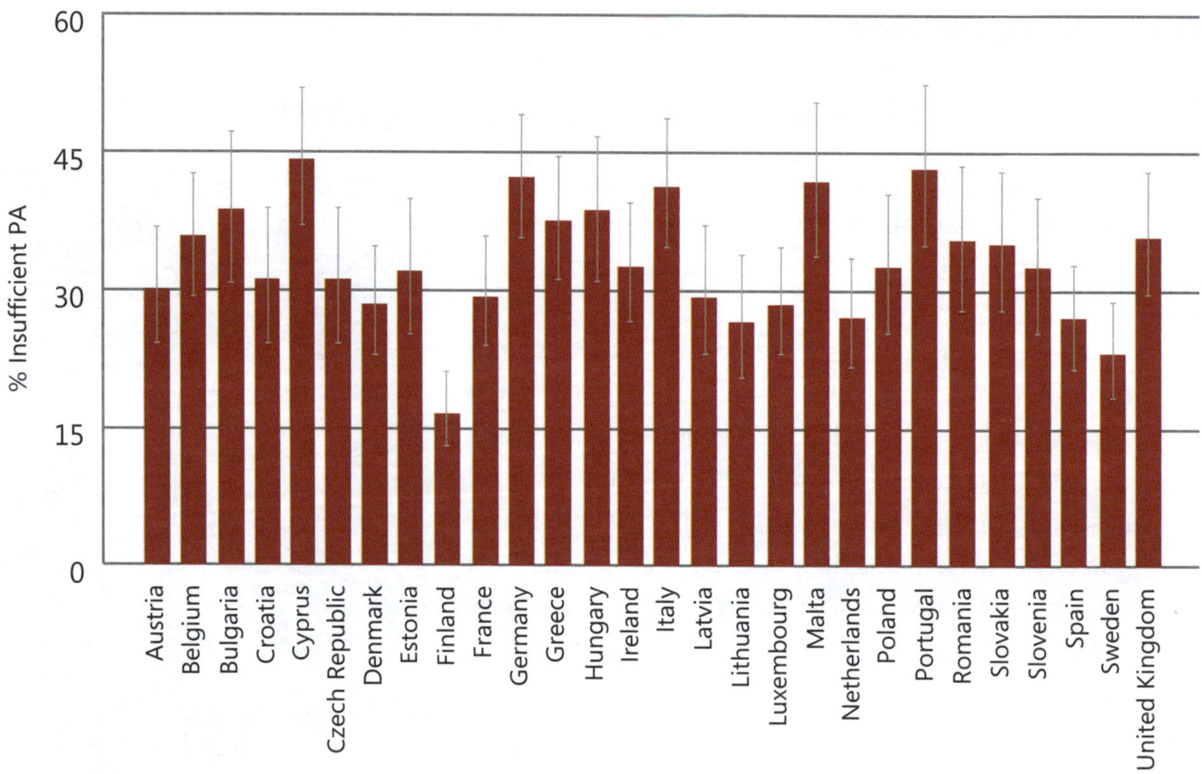

Il grafico mostra sull'asse delle ascisse (X) 28 paesi europei, mentre sull'asse delle ordinate (Y) la percentuale di abitanti che non svolgono una sufficiente attività fisica. Dall'osservazione emerge che il 41% degli italiani non fa abbastanza attività fisica. Quasi il doppio della media europea. | Guthold et al 2018

Europei seduti. Nonostante le prove scientifiche, non tutti sembrano convinti dell'importanza dello sport: secondo l'ultima ricerca dello European Health Network[2] il 25% delle donne e il 22% degli uomini del Vecchio Continente non fa abbastanza moto. Ma quant'è "abbastanza"? Le raccomandazioni della European Society of Cardiology indicano la soglia minima per ridurre il rischio cardiovascolare negli adulti sani in 75 minuti di attività intensa a settimana o 150 minuti di attività moderata. Per gli over 65, anche bassi volumi di attività moderata possono essere sufficienti. Gli esperti consigliano comunque di evitare il fai-da-te e suggeriscono di concordare la quantità e la tipologia di sport con il proprio medico.

(Adattato da https://www.focus.it/scienza/salute/i-soldi-non-fanno-la-felicita-lo-sport-sì)

2 European Health Network: rete che coinvolge gli operatori della sanità europei.

C1. **Chi ha condotto la ricerca di cui parla l'articolo?**

A. ☐ L'Università di Oxford
B. ☐ La rivista *The Lancet*
C. ☐ L'European Society of Cardiology
D. ☐ Le Università di Yale e Oxford

C2. **Cosa si sono proposti di studiare i ricercatori?**

A. ☐ Il rapporto tra la percentuale di sportivi in Europa e negli Stati Uniti
B. ☐ Gli effetti della sedentarietà negli adulti
C. ☐ L'impatto dello sport sull'umore in relazione all'impatto della ricchezza sull'umore
D. ☐ Il rapporto tra ricchezza e pratica sportiva

C3. **Chi ha coinvolto l'indagine?**

A. ☐ 1.200.000 americani
B. ☐ 1.200.000 persone
C. ☐ 1.200.000 (600.000 uomini, 600.000 donne)
D. ☐ 1.200.000 individui over 65

C4. **Ai fini della ricerca è stato distribuito un questionario: cosa chiedeva? Indica se le informazioni si rintracciano nel testo oppure no.**

Informazioni	Si rintraccia	Non si rintraccia
a. Informazioni sulla situazione economica personale.		
b. Notizie su malattie croniche.		
c. Quante volte si fossero sentiti tristi, depressi o stressati negli ultimi 30 giorni.		
d. Informazioni sulla quantità e la qualità dell'attività fisica svolta.		
e. Informazioni sull'uso di farmaci.		
f. Notizie sul costo della pratica sportiva preferita.		

C5. **Alle righe 21-22 troviamo l'espressione "si sente giù". Quale potrebbe essere un sinonimo di "sentirsi giù"?**

A. ☐ Sentirsi fuori forma
B. ☐ Soffrire di stanchezza cronica
C. ☐ Sentirsi demoralizzati
D. ☐ Essere in sovrappeso

C6. **Secondo la ricerca chi pratica regolarmente attività sportiva:**

A. ☐ è molto meno triste di un sedentario
B. ☐ è meno ricco di un sedentario
C. ☐ è più felice di una persona molto ricca
D. ☐ è più ricco e felice di un sedentario

C7. **Lo studio sembra stabilire una correlazione tra numero di ore dedicate allo sport e benessere fisico e mentale. Indica se le informazioni sono vere o false.**

Informazioni	Vero	Falso
a. Più ci si allena, più si è felici.		
b. Esiste un limite massimo giornaliero pari a 3 ore di allenamento.		
c. 30-60 minuti di allenamento giornaliero per l'intera settimana consentono di raggiungere un buon grado di benessere.		
d. 3-5 sedute di allenamento della durata di 30-60 minuti provocano il massimo beneficio.		
e. Meno ci si allena, più si è felici.		
f. 3-5 ore giornaliere costituisco il tempo limite giornaliero.		

C8. **Secondo la ricerca esistono sport che influiscono più di altri sul benessere psicologico? Rintraccia l'informazione nel testo e scrivila nello spazio sottostante.**

____

C9. **Osserva con attenzione il grafico e leggi la didascalia sottostante. Indica se le affermazioni sono vere o false.**

Affermazioni	Vero	Falso
a. I finlandesi sono il popolo meno pigro.		
b. Oltre il 45% dei ciprioti non svolge sufficiente attività fisica.		
c. Il 30% degli austriaci non svolge sufficiente attività fisica.		
d. Il 51% degli italiani non fa abbastanza attività fisica.		
e. Polacchi e sloveni hanno circa la stessa percentuale di abitanti che non svolge sufficiente attività fisica.		
f. Il grafico mostra la situazione di 28 paesi europei ed extraeuropei.		

C10. **Qual è la funzione del grafico inserito nel testo?**

A. ☐ Rendere il testo più difficile
B. ☐ Comparare dati e renderli più velocemente comprensibili
C. ☐ Rendere più veloce la lettura del testo
D. ☐ Offrire dati statistici non comparabili

C11. **Cos'è il "Vecchio Continente"? (Riga 36).**

A. ☐ L'America
B. ☐ L'Europa
C. ☐ La fascia di popolazione anziana di un continente
D. ☐ L'Asia

C12. Cosa s'intende per "rischio cardiovascolare"? (Riga 38).

A. ☐ Che riguarda il cuore
B. ☐ Che riguarda la pressione arteriosa
C. ☐ Che riguarda il cuore e l'apparato circolatorio
D. ☐ Che riguarda il sistema respiratorio

C13. Cosa indica la European Society of Cardiology al fine di ridurre al minimo i rischi cardiovascolari per gli adulti sani? Rintraccia l'informazione nel testo e scrivila nello spazio sottostante.

____

____

C14. Come definiresti l'espressione "evitare il fai-da-te"? (Riga 41).

A. ☐ Di difficile interpretazione
B. ☐ Propria del lessico scientifico
C. ☐ Erudita
D. ☐ Semplice, colloquiale

LESSICO

D1. **Indica se le parole sottolineate sono usate in senso comune, specialistico o metaforico.**

	Comune	Specialistico	Metaforico
a. Giorgio, pulisci la lavagna con il cancellino.			
b. L'istituto dove studio è stato chiuso per un'emergenza.			
c. Dovresti fornirmi il diametro della ruota della tua bicicletta.			
d. Ho portato l'auto in officina per cambiare lo spinterogeno.			
e. La vittoria dei giocatori del Milan in Champions ha onorato la maglia.			

D2. **Nelle frasi che seguono manca la stessa parola, usata con significati di volta in volta diversi. Scrivi la parola mancante nella casella corrispondente.**

Esempio:

Al telegiornale hanno trasmesso un interessante servizio sul tema del riciclo dei rifiuti.
Il servizio da tè in mostra è decorato in oro.
Il servizio di leva obbligatorio è stato abolito per legge.
Parola corretta: servizio

1. Il mio vicino di ________ è assente da più di una settimana.
2. La crisi economica del 2008 è stata un ________ di prova per tutti.
3. Carlo è stato costretto a portare la sua catenina al ________ dei pegni.

Parola corretta: ________

D3. **Quale delle seguenti parole può essere usata per descrivere una parte della campagna?**

A. ☐ Garage
B. ☐ Stabilimento industriale
C. ☐ Estuario
D. ☐ Cascinale

D4. **Scegli fra le quattro alternative proposte quella che completa la parola o la frase evidenziata (forma cioè una "collocazione lessicale").**

Esempio:

dilazionare ________

1. ☐ un argomento
2. ☐ un pagamento
3. ☐ una fessura
4. ☐ una spia

________ un concorso

1. ☐ Andare
2. ☐ Bandire
3. ☐ Fare
4. ☐ Contrarre

D5. **Leggi con attenzione la voce seguente, tratta da un dizionario. Poi, per ognuna delle affermazioni in tabella, indica se è vera o falsa.**

> ***bluastro*** [bluà-stro] agg.
> - Di colore che tende al blu; nel l. corrente, che soffre di un leggero difetto uditivo [SIN] azzurrognolo
> - esempi: cielo bluastro; seta bluastra.
> - sec. XIX

Metti una crocetta per ogni riga.

Affermazioni	Vero	Falso
a. La parola *bluastro* può essere sia un aggettivo che un nome.		
b. La parola *bluastro* è composta di 2 sillabe.		
c. La parola *bluastro* ha cominciato a essere usata nel '700.		
d. Il plurale di *bluastro* è irregolare.		
e. *Bluastro* è sinonimo di blu.		
f. *Bluastro* è una parola piana.		

D6. **Scrivi la parola che corrisponde alla definizione.**

Esempio: Edificio adibito ad abitazione dell'uomo: (nome che inizia per c) ____________

Una persona che fa di tutto per essere ammirata: (aggettivo che inizia con v) ____________

D7. **Indica se l'espressione sottolineata nelle frasi che seguono è usata:**

a) in senso informale (registro basso)
b) in senso neutro (registro standard)
c) in senso formale (registro elevato)

	Registro basso	Registro standard	Registro elevato
1. Si può spegnere la luce per evitare consumi inutili.			
2. Per favore, potrebbe spegnere la luce, per evitare consumi non necessari?			
3. E smorza la luce, che il contatore gira!			

RIFLESSIONE SULLA LINGUA

E1. Quale di queste parole contiene un dittongo (sequenza di due vocali appartenenti alla stessa sillaba)?

A. ☐ Farmacia
B. ☐ Paura
C. ☐ Siamese
D. ☐ Maestra

E2. In quale delle seguenti frasi la parola "vicino" ha funzione di aggettivo?

A. ☐ Vicino a noi abita il sindaco della città.
B. ☐ Siediti qui vicino, così parliamo meglio.
C. ☐ Il mio vicino di casa è ripartito stanotte.
D. ☐ Il commissariato più vicino è alla stazione.

E3. In quale delle seguenti frasi "mentre" ha valore avversativo e non temporale?

A. ☐ Mentre vado a scuola incontro sempre il mio vicino con il cane.
B. ☐ Stai sbagliando: ti lamenti mentre dovresti essere contento.
C. ☐ Ce la fai a riordinare la stanza mentre io vado a fare la spesa?
D. ☐ Il lupo arrivò mentre Cappuccetto Rosso stava raccogliendo fiori nel bosco.

E4. Trasforma la frase attiva in passiva e viceversa.

Attivo	Passivo
Domani comprerò il biglietto aereo per Milano.	
	L'arbitro era stato denunciato dai giocatori per comportamento scorretto.

E5. Nelle frasi che seguono individua se il pronome "che" ha funzione di soggetto oppure di complemento oggetto. Metti una crocetta per ogni riga.

	Funzione di soggetto	Funzione di compl. oggetto
a. La ragazza che hai visto al bar è mia cugina.		
b. Il Danubio è il fiume che attraversa Bratislava.		
c. L'ultimo libro che ho letto mi è piaciuto molto.		
d. È la presenza di acqua che rende possibile la vita sulla Terra.		
e. Il libro che si trova sul tavolo è un manuale di grammatica.		

E6. **In ciascuna delle seguenti frasi è presente un predicativo del soggetto o un predicativo dell'oggetto. Per ognuna di esse scrivi nella colonna giusta il predicativo. Osserva l'esempio.**

	Predicativo del soggetto	Predicativo dell'oggetto
Es. Marco è stato eletto capoclasse.		
a. La notizia lo ha reso molto triste.		
b. I cittadini hanno scelto Alberto come sindaco.		
c. Francesca viveva sola in una grande casa.		
d. Dopo la partita i giocatori sembravano molto stanchi.		
e. Gli amici hanno visto Luigi veramente felice per il magnifico regalo ricevuto.		

E7. **Indica quale delle seguenti proposizioni contiene una coordinata avversativa.**

A. ☐ Paolo studia dalla mattina alla sera, mentre Pietro passa il pomeriggio sulla playstation.
B. ☐ Ho chiesto a Luca di andare in piscina o di scendere in cortile.
C. ☐ Ho cercato una pizzeria per ore, ma non l'ho trovata.
D. ☐ Ho suggerito a Dario di non portare il vino, ma un dolce.

E8. **Osserva lo schema che segue:**

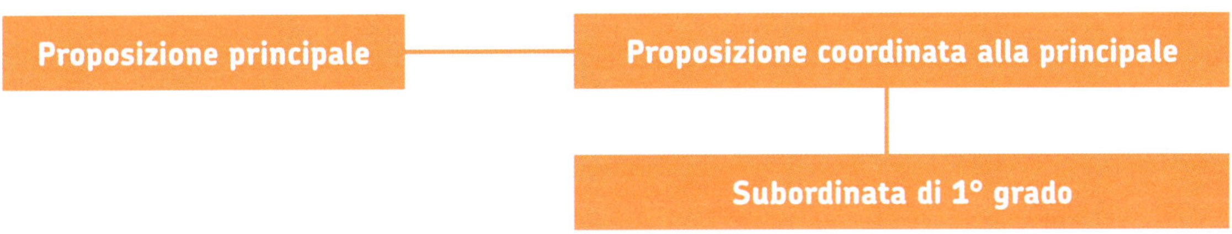

Quale fra i periodi che seguono corrisponde a questo schema di analisi?

A. ☐ Il mio cane abbaia e mostra i denti agli estranei, ma alla fine non fa male a nessuno.
B. ☐ Sono soddisfatto di non avere sbagliato l'esercizio che mi sembrava tanto difficile.
C. ☐ Per vincere la gara mi allenerò molto e metterò in pratica i consigli dell'allenatore.
D. ☐ Prendi la prima strada a destra e gira subito dopo la piazza che vedi alla tua sinistra.

Il mio risultato:

Prova di comprensione del testo A	____/18
Prova di comprensione del testo B	____/14
Prova di comprensione del testo C	____/14
Lessico	____/7
Prova sulle conoscenze grammaticali	____/8
Punteggio totale	____/61

Ho trovato la prova:

☐ Difficile
☐ Più semplice di quanto pensassi
☐ Adeguata alle mie aspettative e capacità
☐ Altro ____________

Testo A (testo narrativo)

8 settembre, un fatto improvviso!

L'estate finiva. Si cominciavano a vedere contadine per i campi, e le scalette contro i tronchi dei frutteti. Adesso con Dino non uscivamo dal prato: c'eran le pere, c'era l'uva, c'era il campo di meliga[1]. Venne la nuova dello sbarco in Calabria[2]. La notte, discussioni accanite. Il fatto grosso, irreparabile, accadeva. Dunque proprio nessuno tentava nulla? Dovevamo finire così?

L'otto settembre ci sorprese che con Gregorio[3] abbacchiavamo[4] le noci. Prima passò sulla strada un autocarro militare, che ululava alle curve e levò un polverone. Veniva da Torino. Dopo un attimo, altro schianto, altro fragore: un secondo autocarro. Ne passarono cinque. La polvere giunse fin tra le piante, nell'aria limpida della sera. Ci guardammo in faccia. Dino corse in cortile.

Sull'imbrunire giunse Cate. — Non sapete? — gridò dalla strada. — L'Italia ha chiesto oggi la pace.

Alla radio la voce monotona, rauca, incredibile, ripeteva macchinalmente ogni cinque minuti la notizia. Cessava e riprendeva, ogni volta con uno schianto di minaccia. Non mutava, non cadeva, non aggiungeva mai nulla. C'erano dentro l'ostinazione di un vecchio, di un bambino che sa la lezione. Nessuno di noi disse nulla lì per lì, tranne Dino che batté le mani. Restammo sconcertati, come prima al passaggio dei cinque autocarri.

Cate ci disse che a Torino nei caffè e per le strade Radio-Londra[5] sbraitava e grandi crocchi applaudivano. C'era stato uno sbarco a Salerno. Si combatteva dappertutto.

— A Salerno? Non a Genova? — C'eran cortei, dimostrazioni.

— Non si capisce cosa facciano i Tedeschi, — disse Cate. — Se ne andranno, sì o no?

— Non sperarci — le dissi, — neanche volendolo non potrebbero.

— Tocca ai nostri soldati, — disse la vecchia, — tocca a loro adesso.

Il vecchio Gregorio taceva, senza perdermi di vista. Era anche lui come un bambino stupefatto. Mi lampeggiò la buffa idea che anche il vecchio maresciallo[6] che quella sera ci buttava allo sbaraglio, anche i suoi generali, ne sapessero quanto Gregorio e stasera pendessero smarriti dalla radio come me e come lui.

(Tratto da C. Pavese, *La casa in collina*, in *Prima che il gallo canti*, Oscar Mondadori)

---

1 Meliga: mais o granoturco.
2 Nuova dello sbarco in Calabria: riferimento alla notizia di un possibile sbarco degli Alleati nel Sud dell'Italia, in particolare in Calabria.
3 Gregorio: amico di Cate.
4 Abbacchiavamo: forma meno comune di "bacchiavamo". Il verbo "bacchiare" indica l'operazione di far cadere da un albero un frutto (qui, le noci) altrimenti difficile da raccogliere.
5 Radio-Londra: la radio inglese che trasmetteva notizie sulla guerra diverse da quelle fornite dal Fascismo. Era ascoltata clandestinamente, perché vietata dal regime fascista.
6 Il vecchio maresciallo: Badoglio, che l'otto settembre aveva reso pubblico l'armistizio in realtà firmato segretamente il tre settembre a Cassibile, in Sicilia.

A1. **Da quali elementi si poteva capire che l'estate stava finendo?**
A. ☐ Non uscivano dal prato
B. ☐ C'erano le contadine
C. ☐ Le giornate si accorciavano
D. ☐ Era iniziata la raccolta della frutta e dei prodotti agricoli

A2. **Che cos'è la "meliga"?**
A. ☐ Un frutto
B. ☐ Una verdura
C. ☐ Un cereale
D. ☐ Un legume

A3. **Che cosa significa la parola "nuova"?**

____

A4. **Quale fatto importante è avvenuto l'8 settembre?**
A. ☐ Lo sbarco in Calabria degli alleati
B. ☐ La firma dell'armistizio con gli alleati
C. ☐ La comunicazione dell'armistizio firmato il 3 settembre
D. ☐ Uno sbarco a Salerno

A5. **Chi o che cosa proveniva da Torino?**
A. ☐ Cate
B. ☐ Un autocarro
C. ☐ Dino
D. ☐ Gregorio

A6. **Che cosa a Torino dava la notizia dell'armistizio?**

____

A7. **Chi o che cosa dà al protagonista la notizia dell'armistizio?**
A. ☐ Dino
B. ☐ Gregorio
C. ☐ Cate
D. ☐ Radio-Londra

A8. **Quale reazione hanno i personaggi alla notizia?**

____

A9. **Quale dei personaggi citati NON è presente nel luogo in cui si svolgono i fatti?**
A. ☐ La vecchia
B. ☐ Gregorio
C. ☐ Cate
D. ☐ Il vecchio maresciallo

A10. **Gli eventi qui riportati non sono nell'ordine in cui l'autore li riporta nel testo. Mettili in ordine.**

- ☐ A Torino nei caffè e per strada sbraitava Radio-Londra.
- ☐ Viene data al protagonista la notizia che è stato firmato l'armistizio.
- ☐ C'erano le scalette sui tronchi dei frutteti.
- ☐ Arrivano degli autocarri.
- ☐ Tutti sono sconcertati perché non sanno cosa succederà.
- ☐ Il protagonista e Gregorio abbacchiano le noci.

A11. **Come è scritta la narrazione?**

A. ☐ In 3ª persona
B. ☐ Come una cronaca
C. ☐ In 1ª persona
D. ☐ Come pagina di diario

Testo B (testo espositivo)

Globalizzazione: un po' di esempi

Ovviamente la prima domanda che viene in mente è: che cosa diavolo è la globalizzazione? O meglio: che cosa vogliamo dire quando usiamo la parola "globalizzazione"? Malauguratamente, un'unica risposta, fondata e unanime, non c'è. Ce ne sono tante e nessuna sembra più vera delle altre. Così mi è tornata in mente quella vecchia battuta: non c'è una definizione della stupidità, però ce ne sono molti esempi. Non c'è una definizione della globalizzazione: però ce ne sono molti esempi. Per cui sono andato a caccia di esempi. Ho usato un metodo molto amatoriale, ma che mi sembrava appropriato. Ho chiesto alla gente di farmi degli esempi. Tutta gente che non saprebbe rispondere alla domanda "Che cos'è la globalizzazione?", ma che, a richiesta, sapeva farmene degli esempi. Gente normale, insomma. Fra i tanti esempi sentiti, ne ho scelti sei. Li riporto qui così come li ho sentiti, perché la vaghezza della formulazione o l'ingenuità delle parole scelte sono a loro volta significative, insegnano delle cose e fanno riflettere. Eccoli qua.

1. Vai in qualsiasi posto del mondo e ci trovi la Coca-Cola.
2. Possiamo comprare azioni in tutte le Borse del mondo, investendo in aziende di qualsiasi Paese.
3. I monaci tibetani collegati a Internet.
4. Il fatto che la mia auto sia costruita a pezzi, un po' in Sud America, un po' in Asia, un po' in Europa e un po' negli Stati Uniti.
5. Mi siedo al computer e posso comprare quel che voglio online.
6. Il fatto che dappertutto, nel mondo, hanno visto l'ultimo film di Spielberg, o si vestono come Madonna, o tirano a canestro come Michael Jordan.

Voilà. Se vi sembrano esempi scemi, provate a chiederne di migliori in giro, e poi vedrete. Bene o male, rappresentano ciò che la gente crede sia la globalizzazione.

(Adattato da: Alessandro Baricco, *Next*, Feltrinelli)

B1. In base al testo che hai letto quali affermazioni sono vere e quali false?

Affermazioni	Vero	Falso
a. Tutti sanno facilmente dare una definizione di globalizzazione.		
b. Non c'è una definizione di globalizzazione, ma ce ne sono tanti esempi.		
c. I monaci tibetani si collegano a Internet.		
d. Vai in qualsiasi posto al mondo e trovi le scarpe Nike.		
e. Gli esempi rappresentano ciò che la gente crede della globalizzazione.		

B2. **Che cosa significa "metodo amatoriale"?**
A. ☐ Un metodo svolto in modo dilettante
B. ☐ Un metodo che ha coinvolto gli amici
C. ☐ Un metodo che ha creato amicizia
D. ☐ Un metodo che ha creato divertimento

B3. **Rileggi con attenzione il testo. Soffermati in particolare su frasi come "che cosa diavolo è la globalizzazione"? (riga 1), oppure "Voilà. Se vi sembrano esempi scemi, provate a chiederne di migliori in giro, e poi vedrete" (riga 22). Come definiresti il lessico utilizzato dall'autore?**
A. ☐ Formale
B. ☐ Colloquiale
C. ☐ Semplice ma appropriato
D. ☐ Scientifico con tratti umoristici

B4. **Con quale avverbio l'autore sottolinea che non esiste una risposta unanime su cosa sia la globalizzazione?**

____

B5. **Che tipo di gente ha intervistato l'autore?**

____

B6. **In quale settore si può agire indifferentemente in tutto il mondo?**
A. ☐ Lo sport
B. ☐ I servizi
C. ☐ La Borsa
D. ☐ La sanità

B7. **Quali esempi di globalizzazione dal mondo dello spettacolo sono portati?**

____

B8. **Per quali motivi sono citati il Sud America, l'Asia, l'Europa e gli Stati Uniti?**
A. ☐ Per la diffusione dell'industria dello spettacolo
B. ☐ Per la costruzione dei pezzi delle auto
C. ☐ Per la diffusione della Coca-Cola
D. ☐ Per gli acquisti online

B9. **Di quale aspetto, oltre alla globalizzazione, l'autore dice che non c'è una definizione, ma ci sono molti esempi?**
A. ☐ La stupidità
B. ☐ L'ingenuità
C. ☐ La definizione
D. ☐ Nessuno

B10. **Che cosa rappresentano gli esempi raccolti dall'autore?**

____

Testo C (testo regolativo)

Le linee guida dei GAS (Gruppi Acquisto Solidale)

RISPETTO DELL'UOMO: i prodotti che si acquistano non devono essere coinvolti nel circolo dell'ingiustizia, che caratterizza, salvo rare eccezioni, i prodotti delle imprese che comunemente si trovano sul mercato. Al contrario devono "attivare" le risorse umane, consentire a molti che sono esclusi dai circuiti economici e da un mercato del lavoro ipercompetitivo (disabili, piccolissimi produttori e tante altre categorie svantaggiate) di lavorare e partecipare a uno sviluppo sociale sostenibile.

RISPETTO DELL'AMBIENTE: attenzione all'impatto sulla natura che la produzione e il consumo possono avere. Per quanto riguarda i prodotti alimentari, si tratta di scegliere prodotti biologici ottenuti nel profondo rispetto della natura e delle sue leggi. Inoltre, scegliere prodotti locali significa ridurre l'inquinamento, il consumo di energia e il traffico per il trasporto della merce. Nell'economia globale i beni viaggiano da una parte all'altra del pianeta in seguito a considerazioni economiche sul costo della manodopera e delle materie prime nei diversi luoghi. Questo calcolo economico non tiene però conto dei costi indiretti che vengono scaricati sulla collettività: inquinamento, utilizzo delle strade, impiego di energia da combustibili fossili come carbone e petrolio, incidenti stradali, traffico, perdita di tempo dovuta a esso. Scegliere prodotti locali è un modo per diminuire il nostro carico ambientale. Inoltre, dovendo viaggiare di meno, gli alimenti possono arrivare più freschi sulle nostre tavole e quindi richiedono meno conservanti. L'arrivo di grosse quantità di prodotto, smistate e ripartite tra le famiglie in modo "casereccio", come si faceva un tempo, riduce gli imballaggi o comunque impone il riutilizzo di quelli già esistenti (buste di carta o plastica usate, imballaggi per le uova, bottiglie di vetro o plastica per la distribuzione interna di detersivo, olio ecc.).

SALUTE: consumare e mangiare prodotti realizzati senza l'uso di pesticidi e diserbanti è sano.

SOLIDARIETÀ: favorire l'acquisto presso i piccoli produttori locali significa evitare che essi vengano schiacciati da multinazionali e grandi produttori che distribuiscono nei supermercati.

SOSTENIBILITÀ: consumare biologico contribuisce a non depauperare la ricchezza naturale del pianeta, e quindi come tale è un consumo "sostenibile" nel tempo.

GUSTO: i cibi biologici sono buoni davvero.

RIAVVICINAMENTO AI RITMI NATURALI: consumando i cibi solo quando è la loro stagione ci riavviciniamo ai ritmi naturali della natura.

(Fonte: http://www.retegas.org/upload/dl/doe/GASDocumentoBase.PDF)

C1. **Che cosa si intende per GAS?**

____

C2. **Quale di questi aspetti NON è contemplato nelle linee guida dei GAS?**

A. ☐ Sostenibilità
B. ☐ Salute
C. ☐ Economia
D. ☐ Gusto

C3. **In quale linea guida si critica l'ipercompetitività?**

A. ☐ Salute
B. ☐ Rispetto dell'ambiente
C. ☐ Rispetto dell'uomo
D. ☐ Sostenibilità

C4. **Quali di queste affermazioni sono vere e quali false?**

Affermazioni	Vero	Falso
a. La produzione e il consumo devono tenere conto dell'impatto sull'ambiente.		
b. I prodotti devono essere imballati con imballaggi molto grandi.		
c. I cibi biologici sono spesso meno buoni, ma ci si può fare l'abitudine.		
d. I GAS rendono i cibi disponibili in ogni stagione.		
e. Consumare e mangiare prodotti realizzati senza l'uso di pesticidi e diserbanti è sano.		

C5. **Quale soluzione si propone per inquinare meno?**

A. ☐ Non usare gli imballaggi
B. ☐ Comprare solo prodotti esteri
C. ☐ Comprare i prodotti non imballati
D. ☐ Riciclare gli imballaggi

C6. **Cosa si può fare per riavvicinarsi ai ritmi naturali?**

A. ☐ Consumare prodotti realizzati senza l'uso di pesticidi
B. ☐ Consumare solo prodotti fuori stagione
C. ☐ Consumare solo cibi di stagione
D. ☐ Acquistare nella grande distribuzione

C7. **I prodotti che si acquistano comunemente sono frutto di:**

A. ☐ sfruttamento
B. ☐ inquinamento
C. ☐ solitudine
D. ☐ ingiustizia

C8. Chi può schiacciare i piccoli produttori?

____

C9. Quali prodotti sono più sani?

A. ☐ Quelli realizzati senza l'uso di pesticidi e diserbanti
B. ☐ Quelli realizzati attraverso il lavoro ipercompetitivo
C. ☐ Quelli confezionati secondo l'uso "casereccio"
D. ☐ Non si sa

C10. Scegliere prodotti locali può contribuire a ridurre:

A. ☐ la familiarità
B. ☐ l'inquinamento
C. ☐ i circuiti economici
D. ☐ le ingiustizie

C11. Quali sono i costi indiretti sulla collettività?

____

____

C12. Quali sono i combustibili fossili?

A. ☐ Carbone
B. ☐ Carbone e petrolio
C. ☐ Petrolio
D. ☐ Idrocombustibili

LESSICO

D1. **Scegli tra i termini proposti quello corrispondente alla definizione.**

A. improvviso gesto di follia = lapsus / raptus

B. pigrizia, oziosità = inerzia / inedia

D2. **Completa la tabella inserendo di volta in volta il nome o l'aggettivo corrispondente, come nell'esempio.**

	Nome	Aggettivo
a.		aureo
b.	ghiaccio	
c.	piombo	
d.		mensile
e.	albero	
f.		eburneo

D3. **Leggi con attenzione la voce seguente, tratta da un dizionario. Poi, per ognuna delle affermazioni in tabella, indica se è vera o falsa.**

vertebràto [ver-te-brà-to]
A. agg. di animale che possiede la colonna vertebrale. CONTR. Invertebrato.
B. s.m. al pl. nella tassonomia animale, sottotipo di Cordati con scheletro cartilagineo e osseo, il cui asse è formato dalla colonna vertebrale.
Al sing. ogni individuo di tale sottotipo.

Affermazioni	Vero	Falso
a. La parola *vertebrato* ha una parola contraria formata grazie a un prefisso.		
b. La parola *vertebrato* è utilizzata solo come nome.		
c. La parola *vertebrato* si riferisce esclusivamente al regno animale.		
d. La parola *vertebrato* è scomponibile in cinque sillabe.		
e. La parola *vertebrato* può essere utilizzata per descrivere prevalentemente gli animali con scheletro cartilagineo.		
f. La parola *vertebrato* ha più di due significati.		

D4. **Collega i vocaboli delle due colonne per formare una parola composta.**

a. Cava	1. Rossa
b. Prendi	2. Ombrelli
c. Sali	3. Carro
d. Pelle	4. Tappi
e. Auto	5. Sole
f. Porta	6. Scendi

D5. **Indica se le seguenti parole sono alterate o derivate.**

	Alterato	Derivato
a. regolarità		
b. adolescenziale		
c. fiumiciattolo		
d. formalità		
e. animaletto		
f. omuncolo		

D6. **Scegli il corretto sinonimo tra le parole proposte.**

A. **nembo** fulmine temporale nuvola

B. **crine** coda capello chioma acconciatura

D7. **Indica se l'espressione sottolineata nelle frasi che seguono è usata:**

a) in senso informale (registro basso)

b) in senso neutro (registro standard)

c) in senso formale (registro elevato)

	Registro basso	Registro standard	Registro elevato
1. Stai attento ai gradini perché potresti cadere.			
2. Ti prego di prestare attenzione ai gradini, per scongiurare il rischio di caduta.			
3. Occhio ai gradini, che altrimenti vai a sbattere!			

RIFLESSIONE SULLA LINGUA

E1. **Quale segno di punteggiatura è sbagliato nel seguente periodo?**

Dario rispose alla zia: "Per ora non ho ancora preso una decisione definitiva, sulla scuola che frequenterò l'anno prossimo".

A. ☐ I due punti
B. ☐ Le virgolette
C. ☐ La virgola
D. ☐ Il punto

E2. **Quale delle seguenti parole corrisponde a questa analisi: nome, maschile, singolare, derivato?**

A. ☐ Libreria
B. ☐ Libresco
C. ☐ Libraio
D. ☐ Libricini

E3. **Leggi questo testo:**

Se avessimo prenotato in tempo i biglietti dell'aereo, adesso partiremmo per le vacanze. Temo che ora sia impossibile trovare i biglietti: comunque telefona in agenzia!

Riporta nella tabella tutte le forme verbali; poi indica per ognuna il modo e il tempo.

	Forma verbale	Modo	Tempo
a.			
b.			
c.			
d.			
e.			
f.			

E4. **Individua gli elementi che nelle frasi seguenti hanno la funzione di soggetto e trascrivili nello spazio sottostante ad ogni frase.**

A. La regina Elisabetta I d'Inghilterra era figlia di Enrico VIII.

____

B. Secondo numerosi studi, nuotare fa bene alla salute.

____

E5. **Indica la frase in cui c'è un predicato nominale.**

A. ☐ È un vero campione quel cavallo!
B. ☐ La stanza era illuminata da una luce fioca.
C. ☐ Il tuo libro è sul tavolo.
D. ☐ Il gatto era fuggito sotto il divano.

E6. **In quale delle seguenti frasi ci sono contemporaneamente un complemento di luogo e uno di agente?**

A. ☐ Nelle città d'arte le vie e le piazze sono invase dai turisti.
B. ☐ In primavera le rondini ritornano dai paesi africani.
C. ☐ In campagna dalla mia finestra vedo le colline lontane.
D. ☐ In autunno le foglie cadute dagli alberi tappezzano le strade.

E7. **Osserva lo schema che segue:**

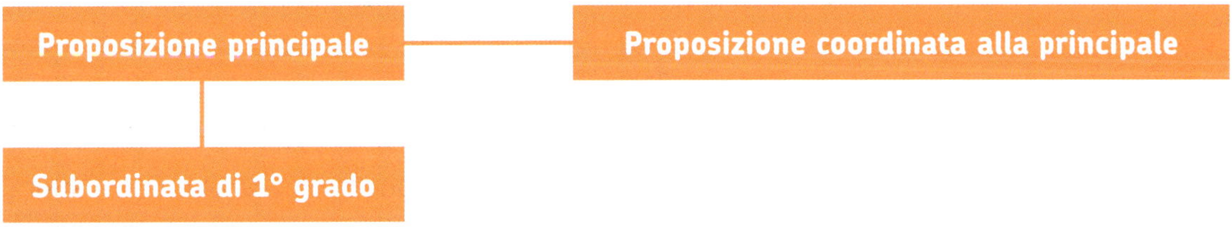

Quale fra i periodi che seguono corrisponde a questo schema di analisi?

A. ☐ Il mio cane abbaia e mostra i denti agli estranei, ma alla fine non fa male a nessuno.
B. ☐ Sono soddisfatto di non avere sbagliato l'esercizio che mi sembrava tanto difficile.
C. ☐ Per vincere la gara mi allenerò molto e metterò in pratica i consigli dell'allenatore.
D. ☐ Prendi la prima strada a destra e gira subito dopo la piazza che vedi alla tua sinistra.

E8. **Nel periodo "Voglio sapere che cosa combini" la frase "che cosa combini" è:**

A. ☐ una frase soggettiva
B. ☐ una frase oggettiva esplicita
C. ☐ una frase consecutiva
D. ☐ una frase interrogativa indiretta

Il mio risultato:

Prova di comprensione del testo A	____/11
Prova di comprensione del testo B	____/10
Prova di comprensione del testo C	____/12
Lessico	____/7
Prova sulle conoscenze grammaticali	____/8
Punteggio totale	____/48

Ho trovato la prova:

☐ Difficile
☐ Più semplice di quanto pensassi
☐ Adeguata alle mie aspettative e capacità
☐ Altro ____________________

Testo A (testo narrativo)

Cos'è il razzismo?

«Dimmi, babbo, cos'è il razzismo?» «Tra le cose che ci sono al mondo, il razzismo è la meglio distribuita. È un comportamento piuttosto diffuso, comune a tutte le società tanto da diventare, ahimè, banale. Esso consiste nel manifestare diffidenza e poi disprezzo per le persone che hanno caratteristiche fisiche e culturali diverse dalle nostre.» «Quando dici "comune", vuoi dire "normale"?» «No. Non è perché un comportamento è corrente che può essere considerato normale. In generale l'essere umano ha tendenza a non amare qualcuno che è differente da lui, uno straniero, per esempio: è un comportamento vecchio come l'uomo; ed è universale. È così dappertutto.» «Se capita a tutti, anch'io potrei essere razzista!» «Intanto la natura spontanea dei bambini non è razzista. Un bambino non nasce razzista. E se i suoi genitori o i suoi familiari non gli hanno messo in testa delle idee razziste, non c'è ragione perché lo diventi. Se, per esempio, ti facessero credere che quelli che hanno la pelle bianca sono superiori a quelli che ce l'hanno nera, e se tu prendessi per oro colato quell'affermazione, potresti assumere un atteggiamento razzista nei confronti dei negri.» «Cosa vuol dire essere superiori?» «Per esempio, credere che uno, per il fatto che ha la pelle bianca, è più intelligente di qualcuno che ha la pelle di un altro colore, nera o gialla. In altre parole, l'aspetto fisico del corpo umano, che ci differenzia l'uno dall'altro, non implica alcuna diseguaglianza.» «Credi che io potrei diventare razzista?» «Diventarlo è possibile: tutto dipende dall'educazione che avrai ricevuto. Tanto vale saperlo e impedirsi di esserlo, ovverosia, tanto vale accettare l'idea di essere anche noi capaci, un giorno, di avere sentimenti e comportamenti di rigetto nei confronti di qualcuno che non ci ha fatto niente, ma è differente da noi. È una cosa che capita spesso. Ciascuno di noi, un giorno, può fare un gesto brutto, provare un sentimento cattivo. Quando uno è turbato da un essere che non gli è familiare, allora può pensare di essere meglio di lui; prova un sentimento sia di superiorità sia di inferiorità nei suoi riguardi, lo rifiuta, non vuole saperne di averlo come vicino, tanto meno come amico, semplicemente perché si tratta di qualcuno di diverso.» «Diverso?» «La diversità è il contrario della rassomiglianza, di ciò che è identico. La prima differenza evidente è quella del sesso. L'uomo è differente dalla donna. E viceversa. Ma quando si tratta di quel tipo di differenza, in generale, c'è attrazione. In altri casi, colui che chiamiamo diverso ha un altro colore di pelle rispetto a noi, parla un'altra lingua, cucina in altro modo, ha altri costumi, un'altra religione, altre abitudini di vita, di fare festa, eccetera. Ci sono differenze che si manifestano attraverso l'aspetto fisico (la statura, il colore della pelle, i lineamenti del viso, eccetera) e poi ci sono le differenze di comportamento, di mentalità, di credenze, eccetera.» «Allora al razzista non piacciono le lingue, le cucine e i colori che non siano i suoi?» «No, non è necessariamente così: un razzista può amare e imparare altre lingue perché ne ha bisogno nel suo lavoro, o nei suoi svaghi, ma può ugualmente manifestare un giudizio negativo e ingiusto sui popoli che parlano quelle lingue. Allo stesso modo, potrebbe rifiutare di affittare una camera a uno studente straniero, per esempio vietnamita, eppure apprezzare il cibo dei ristoranti asiatici. Il razzista è colui che pensa che tutto ciò che è troppo differente da lui lo minacci nella sua tranquillità.» «È dunque il razzista che si sente minacciato?» «Sì, perché ha paura di chi non gli rassomiglia. Il razzista è qualcuno che soffre di un complesso di inferiorità o di superiorità. Il risultato è lo stesso, perché il suo comportamento, in un caso o nell'altro, sarà di disprezzo. E dal disprezzo la collera. Ma il razzista sbaglia collera.» «Ha paura?» «L'essere umano ha bisogno di sentirsi rassicurato. Non gli piace troppo ciò che rischia di turbare le sue certezze. Si può avere paura quando si è al buio, perché quando tutte le luci sono spente non si vede cosa ci potrebbe capitare. Ci si sente senza difese di fronte all'imprevedibile. Si immaginano cose orribili. Senza ragione. Non è logico. Talvolta non c'è niente che possa giustificare la paura, eppure si ha paura. Si può ragionare quanto si vuole, ma si reagisce come se la minaccia fosse reale. Il razzismo non è qualcosa di giusto o di ragionevole.» [...] «Dimmi, babbo, non ho ancora capito perché il razzismo esiste dappertutto.» «Nelle società antiche, cosiddette primitive, l'uomo aveva un comportamento simile a quello degli animali. L'uomo si comporta spesso come un animale. Un gatto comincia con la demarcazione del suo territorio. Se un altro gatto o un altro animale tenta di portargli via il suo cibo, o di infastidire i suoi piccoli, il gatto che si sente a casa sua si difende e protegge i suoi con tutte le unghie. L'uomo fa lo stesso. Gli piace avere la sua casa, la sua terra, i suoi beni e si batte per conservarli. E questo è normale. Il razzista invece pensa sempre che lo straniero, chiunque sia, gli vuole portare via le sue cose. Allora ne diffida, senza riflettere, quasi per istinto. L'animale lotta solo se attaccato. Talvolta invece l'uomo aggredisce lo straniero anche quando questi non ha affatto l'intenzione di portargli via qualcosa.» «E tu trovi che questo sia comune a tutte le società?» «Comune, piuttosto diffuso, sì; normale, no. Da sempre l'uomo reagisce così. C'è la natura e poi c'è la cultura. In altre parole c'è il comportamento istintivo, senza riflessione, senza ragionamento, poi c'è il comportamento razionale, quello che deriva dall'educazione, dalla scuola e dal ragionamento. È ciò che si chiama cultura in contrapposizione alla natura. Con la cultura si impara a vivere insieme; si impara soprattutto che non siamo soli al mondo, che esistono altri popoli e altre tradizioni, altri modi di vivere che sono altrettanto validi dei nostri.» «Se per cultura intendi educazione, e se ti ho seguito bene, allora anche il razzismo può venire con quello che si impara...» «Non si nasce razzista, si diventa. C'è una buona e una cattiva educazione. Tutto dipende da chi educa, sia nella scuola come a casa. Guarda per esempio i nostri vicini di casa. Per molto tempo si sono mostrati diffidenti verso di noi, fino al giorno in cui li abbiamo invitati a mangiare il cuscus. È stato allora che si sono resi conto che vivevamo come loro. Ai loro occhi abbiamo smesso di apparire pericolosi, anche se siamo originari di un paese diverso, il Marocco. Invitandoli abbiamo tolto di mezzo la loro diffidenza. Ci siamo parlati, ci siamo conosciuti un po' meglio. Abbiamo riso insieme. E ciò vuol dire che eravamo a nostro agio, tra noi, mentre prima, quando ci incontravamo per le scale, a mala pena ci dicevamo buongiorno.» «Dunque, per lottare contro il razzismo, bisogna invitarsi gli uni con gli altri!» «È una buona idea. Imparare a conoscersi, a parlarsi, a ridere insieme: cercare di condividere i momenti di piacere, ma anche le pene, far vedere che spesso si hanno le stesse preoccupazioni, gli stessi problemi, è questo che potrebbe far regredire il razzismo.»

(Da Tahar Ben Jelloun, *Il razzismo spiegato a mia figlia*)

A1. **Già dalle prime righe si intuisce che il testo è impostato come:**
A. ☐ un monologo
B. ☐ un dialogo
C. ☐ un dialogo tra adulti
D. ☐ un dialogo tra molti soggetti

A2. **Il razzismo è un comportamento così diffuso da diventare:**
A. ☐ banale
B. ☐ di moda
C. ☐ comprensibile
D. ☐ accettabile

A3. **Secondo l'autore, in cosa consiste il razzismo? Rintraccia l'informazione nel testo e scrivila nello spazio sottostante.**

____

____

A4. **Un comportamento "comune" è anche un comportamento "normale"?**
A. ☐ Sì
B. ☐ No, perché non tutto ciò che fanno in molti può essere considerato normale
C. ☐ No
D. ☐ Sì, perché tutto ciò che è abitudine per molti è da considerarsi normale

A5. **Quale tendenza è innata nell'uomo?**
A. ☐ L'eliminazione dei nemici
B. ☐ Il disprezzo per certe categorie di persone
C. ☐ Quella a non amare chi è differente da lui
D. ☐ Il rispetto per gli altri

A6. **Poiché il razzismo non è presente dalla nascita, da quale fattore dipende?**
A. ☐ Dagli avvenimenti storici
B. ☐ Dalla situazione socio-economica di un paese
C. ☐ Dal luogo in cui si vive
D. ☐ Dall'educazione (a casa e a scuola)

A7. **Alla riga 12 si afferma "se tu <u>prendessi per oro colato</u> quell'affermazione". Cosa significa *prendere per oro colato* quello che dice una persona?**
A. ☐ Non dubitare affatto delle sue affermazioni
B. ☐ Disprezzare i suoi ragionamenti
C. ☐ Non condividere il suo pensiero
D. ☐ Comprendere a fondo ciò che dice

A8. **Nel testo si afferma che "La diversità è il contrario della rassomiglianza, di ciò che è identico" (righe 25-26). Quali tipologie di diversità esistono in natura?**

A. ☐ Aspetto fisico e comportamento
B. ☐ Carattere e differenze di genere
C. ☐ Genere e colore della pelle
D. ☐ Aspetto fisico e genere

A9. **Per quale ragione il razzista si sente minacciato? Rintraccia l'informazione nel testo e scrivila nello spazio sottostante.**

____

A10. **Alle righe 42-43 si dice che "L'essere umano ha bisogno di sentirsi rassicurato. Non gli piace troppo ciò che rischia di turbare le sue certezze". Da questa affermazione consegue che... Indica se le affermazioni sono vere o false.**

Affermazioni	Vero	Falso
a. reagisce secondo l'effettiva minaccia.		
b. di fronte all'imprevedibile l'uomo si sente senza difese.		
c. immagina cose orribili, senza alcun motivo razionale.		
d. pensa prima di agire.		

A11. **Ti proponiamo di seguito le righe 51-53.**

"Un gatto comincia con la demarcazione del suo territorio. Se un altro gatto o un altro animale tenta di portargli via il suo cibo, o di infastidire i suoi piccoli, il gatto che si sente a casa sua si difende e protegge i suoi con tutte le unghie. L'uomo fa lo stesso."

Quali considerazioni si possono fare sul lessico e sullo stile comunicativo utilizzati dall'autore? Indica se le affermazioni sono vere o false.

Affermazioni	Vero	Falso
a. Utilizza spesso paragoni ed esempi per semplificare i concetti.		
b. Il linguaggio è colloquiale ma non sempre comprensibile.		
c. Il linguaggio è chiaro e semplice.		
d. Per introdurre ipotesi e/o paragoni utilizza spesso il "se".		
e. Parla degli uomini ma si riferisce al mondo animale.		
f. I periodi sono abbastanza brevi e poco complessi.		

A12. **A partire dalla riga 67 l'autore narra un episodio relativo alla propria vita privata: l'invito ai vicini di casa a mangiare insieme. Quali informazioni si rintracciano nel testo in relazione a questo episodio?**

Informazione	Si rintraccia	Non si rintraccia
a. I vicini di casa sono marocchini.		
b. Il piatto preparato è il cuscus.		
c. Nella conversazione sono emerse difficoltà di comprensione reciproca.		
d. Le due famiglie hanno riso insieme ma solo per educazione.		
e. Ci sono stati momenti di tensione.		
f. Prima dell'invito le due famiglie si salutavano a stento.		

A13. **Secondo l'autore, quale stato d'animo nasce dal disprezzo?**

A. ☐ La collera
B. ☐ L'indifferenza
C. ☐ La solidarietà
D. ☐ La paura

A14. **A quale aspetto della vita l'autore contrappone la natura umana (diffidenza nei confronti del diverso)?**

A. ☐ La cultura
B. ☐ La meditazione
C. ☐ La tolleranza
D. ☐ La fratellanza

A15. **Qual è, secondo l'autore, la ricetta per sconfiggere il razzismo?**

A. ☐ Mettere da parte la propria cultura e le proprie tradizioni
B. ☐ Imparare a conoscersi per stare a distanza
C. ☐ Imparare a conoscersi e condividere
D. ☐ Condividere esperienze lavorative

A16. **Come si pone l'autore nei confronti del razzismo?**

A. ☐ Lo condivide
B. ☐ Si proclama neutrale
C. ☐ Lo conosce a fondo e lo considera negativamente
D. ☐ Lo odia

Testo B (testo regolativo)

Raccolta differenziata, come farla nel modo giusto

La raccolta differenziata dei rifiuti in Italia procede a ritmo sempre più spedito. Secondo il **Rapporto Rifiuti 2018 di ISPRA** (Istituto Superiore per la Protezione e la Ricerca Ambientale), la media nazionale si attesta al **55,5%** con il Veneto al primo posto tra le regioni più virtuose (73,6%). Percentuali più basse si registrano invece nel centro e sud Italia. In generale, la produzione di rifiuti si attesta a **487 chilogrammi l'anno per abitante**, leggermente sopra la media comunitaria. Aumentano poi i **comuni italiani "rifiuti free"**, vale a dire quelli in cui ogni cittadino produce al massimo 75 chilogrammi di secco residuo all'anno (ossia quei rifiuti solidi urbani che non possono essere avviati al riciclo). Eppure, nonostante queste percentuali più che confortanti, in tutto il Paese sono ancora tantissimi i cittadini che non sanno **come regolarsi** quando devono **differenziare i rifiuti** che producono nelle mura domestiche. In tal senso può dunque essere utile stilare una lista di **consigli pratici da seguire**.

Precisazioni d'obbligo

Non esiste un vademecum per il conferimento dei rifiuti a cui possono attenersi tutti, da Torino a Palermo. Le **regole** della raccolta differenziata variano infatti **da comune a comune**. Quando si differenzia è dunque necessario attenersi principalmente alle regole indicate dal proprio comune di residenza in modo da evitare **sanzioni**, che possono variare **da un minimo di 25 a un massimo di 620 euro** in base alla gravità della violazione compiuta. Una mano possono darla le **confezioni dei prodotti** che si acquistano, su cui dovrebbero sempre comparire le **indicazioni** su come smaltirle.

I sacchetti da usare

Altra premessa fondamentale da fare riguarda la **tipologia dei sacchetti** da usare per la raccolta differenziata. Per i **rifiuti in plastica** vanno utilizzati sacchetti in plastica, così come per quelli in **carta o cartone** vanno usati sacchetti di carta e **sacchetti biodegradabili** per l'**umido**. Per ciò che concerne il **vetro**, invece, occorre ricordarsi sempre di **smaltire gli oggetti** e non il contenitore che si è utilizzato per trasportarli fino alle **campane**. Se non si seguono questi consigli basilari, si vanifica in partenza ogni tentativo di riciclo dei rifiuti.

Rifiuti in plastica

I rifiuti in plastica sono quelli che produciamo maggiormente: bottiglie, contenitori, involucri, pellicole da imballaggio (come quelle per la carta igienica). Nei cestini della plastica devono finire anche sacchetti di patatine o salatini, pluriball, vasi, sottovasi e generalmente anche il polistirolo. Ci sono poi degli oggetti che d'istinto saremmo portati a gettare nella plastica, ma che in realtà **vanno nell'indifferenziato**: è il caso, ad esempio, delle **biro** e dei **pennarelli** poiché contengono inchiostro e hanno una punta costruita con materiale differente dalla plastica. In generale, perché un rifiuto in plastica sia differenziato "bene", occorre **lavarlo o sciacquarlo prima di buttarlo**: vale per i contenitori che contengono alimenti. Per ciò che concerne, invece, il conferimento degli **oggetti in alluminio** nello stesso cestino di quelli in plastica, questa opzione varia di comune in comune.

Rifiuti in vetro

Anche nel caso del vetro sono fondamentali delle distinzioni da fare tra ciò che si può differenziare e ciò che, invece, va nell'indifferenziato. Alla prima categoria appartengono **bottiglie, vasetti, barattoli delle conserve** (che vanno lavati o quantomeno sciacquati prima di essere gettati, allo stesso modo dei contenitori di alimenti in plastica). Rientrano nella seconda categoria, invece, specchi, cristalli, pirofile, piatti e stoviglie in porcellana o ceramica, coperchi trasparenti delle pentole, oggetti in pyrex, lampadine, tubi al neon. In generale, tutto ciò che è di vetro e finisce in **frantumi** va conferito sempre **nell'indifferenziato**.

Fazzoletti di carta

Dopo essere stati utilizzati, i fazzoletti di carta vanno buttati nell'**umido**. Questa regola vale sia per i fazzoletti che usiamo per pulire il naso, sia per i **tovaglioli**. Nell'indifferenziato vanno invece i tovaglioli di carta decorati con **stampe colorate** o di consistenza simile alla **stoffa**. Sempre **nell'indifferenziato** devono finire anche la **carta da forno** e la **carta oleata** (vale a dire quella usata per incartare la focaccia o la pizza al taglio).

Mozziconi di sigarette e gomme da masticare

Né i mozziconi di sigarette, né tantomeno i sigari, vanno gettati nell'umido. Entrambi devono finire nell'**indifferenziato**, così come le gomme da masticare.

Cartone della pizza

Per quanto riguarda il cartone della pizza da asporto, esso va gettato nella **carta** purché ogni sua parte sia **pulita** (dunque non unta di olio, macchiata da salsa di pomodori o da residui di mozzarella). Un'alternativa è **staccare le parti pulite** e gettarle nel cestino della carta. Il resto deve andare nell'indifferenziato.

Scontrini

Essendo stampati su un particolare tipo di carta che non ne permette il riuso (la carta termica), gli **scontrini non sono riciclabili**. Vanno pertanto gettati nell'**indifferenziato**.

Tè, caffè e capsule

Le **cialde** del caffè vanno nel bidoncino dell'**umido**, così come le **bustine del tè**. Per le **capsule**, invece, dove possibile, l'ideale è consegnarle nel **negozio in cui sono state acquistate**. Altrimenti possono essere gettate intere nell'indifferenziato, oppure se ne possono dividere le componenti buttando il caffè nell'umido e le parti in alluminio e plastica nei rispettivi cestini (qualora il comune in cui si risiede preveda la differenziazione).

Tetrapak

I contenitori di tetrapak, con cui **conserviamo cibi e bevande**, possono essere **scomposti** in modo da smaltirne **correttamente** le singole parti (carta, alluminio e plastica). L'importante è **sciacquarli** dopo averli utilizzati.

Pannolini

Pur essendo composti da materiali biodegradabili, i pannolini non possono essere smaltiti nell'**umido** ma nell'**indifferenziato**. La stessa cosa vale per **assorbenti**, **cerotti**, **garze**, **batuffoli di cotone** e **cotton fioc** (i cui imballaggi in plastica o carta possono invece essere riciclati).

Lettiere per animali domestici

Le **lettiere "classiche"** in sabbia o cristalli di silicio vanno nell'**indifferenziato.** Quelle di **argilla**, **segatura**, **trucioli** e **carta** potrebbero andare invece nell'**umido**, ma è bene prima accertarsi di ciò controllando le indicazioni sulla confezione.

Le etichette

In generale, prima di gettare un oggetto – sia esso un vasetto di vetro o un sacchetto compostabile per la frutta o la verdura – va sempre **levata l'etichetta con il prezzo** e smaltita nell'indifferenziato.

Isole ecologiche

I rifiuti ingombranti, i **RAEE** (rifiuti di apparecchiature elettriche ed elettroniche) e altri rifiuti come **i tappi di sughero** vanno conferiti nelle isole ecologiche, vale a dire attrezzati centri di raccolta adibiti alla raccolta differenziata dei rifiuti. Varia invece di comune in comune il conferimento di altri rifiuti come le **pile**, gli **oli usati** e i **farmaci scaduti** o che non servono più (per questi ultimi molte farmacie si sono attrezzate con appositi raccoglitori). Nel complesso si tratta di rifiuti che non vanno assolutamente gettati nell'indifferenziato.

(Tratto da: *Dove li butto: la nostra guida per smaltire correttamente i RAEE*, Rocco Bellantone, 2019)
https://www.consumatori.it/casa/raccolta-differenziata-regole/

B1. **Il Rapporto Rifiuti 2018 di ISPRA afferma che:**

A. ☐ le percentuali più basse per la raccolta differenziata si registrano al centro nord
B. ☐ la media nazionale della raccolta differenziata si attesta al di sotto del 50%
C. ☐ il Veneto si trova al primo posto tra le regioni più virtuose (73,6%)
D. ☐ il Veneto si trova all'ultimo posto tra le regioni per la raccolta differenziata

B2. In generale la produzione di rifiuti italiana per abitante è valutata:

A. ☐ appena sopra quella europea
B. ☐ in linea con quella europea
C. ☐ molto al di sopra di quella europea
D. ☐ al di sotto di quella europea

B3. Che cosa s'intende per comuni "rifiuti free"? (Riga 7). Rintraccia l'informazione nel testo e scrivila nello spazio sottostante.

____

B4. Nel paragrafo "Precisazioni d'obbligo" si dice che "Non esiste un vademecum per il conferimento dei rifiuti". Cosa s'intende per vademecum?

A. ☐ Codice obbligatorio
B. ☐ Calendario per il conferimento dei rifiuti
C. ☐ Sito specializzato
D. ☐ Libretto tascabile con istruzioni

B5. In Italia le regole per lo smaltimento:

A. ☐ sono ispirate a quelle europee
B. ☐ sono pressoché identiche su tutto il territorio nazionale
C. ☐ variano da comune a comune
D. ☐ variano da Nord a Sud Italia

B6. Cosa dovrebbe comparire sulla confezione dei prodotti?

A. ☐ Indicazioni sullo smaltimento del prodotto
B. ☐ La quantità di anidride carbonica e acqua necessarie per il confezionamento
C. ☐ Precisazioni sulla pericolosità ambientale del prodotto
D. ☐ Indicazioni sulla presenza nella confezione di plastiche di origine marina

B7. Cosa si dice nel paragrafo "I sacchetti da usare"? Individua le affermazioni vere e quelle false.

Informazioni	Vero	Falso
a. I sacchetti di plastica non sono vietati per lo smaltimento di ogni tipo di materiale.		
b. I rifiuti in plastica vanno riposti in sacchetti di plastica.		
c. Il vetro va conferito direttamente in discarica.		
d. Servono sacchetti biodegradabili per l'umido.		
e. Carta e cartone vanno messi in sacchetti biodegradabili.		
f. Il vetro va smaltito assieme alla plastica.		

B8. **Alla riga 26 si parla di "campane". "Campana" è un termine polisemico, cioè può assumere significati diversi a seconda del contesto. Nell'accezione comune è una tipologia di strumento musicale a percussione mentre in questo testo identifica:**

A. ☐ mezzi di trasporto per la raccolta differenziata
B. ☐ cestini per rifiuti
C. ☐ discariche
D. ☐ grandi contenitori per rifiuti

B9. **Leggi con attenzione il paragrafo "Rifiuti in plastica" e completa le frasi in modo da formare informazioni corrette.**

1. Sacchetti di patatine o salatini, pluriball, vasi, sottovasi e generalmente il polistirolo
____
2. Biro e pennarelli, poiché contengono inchiostro e hanno una punta costruita con materiale differente dalla plastica, vanno
____
3. I contenitori che contengono alimenti devono essere lavati e sciacquati
____
4. Per il conferimento degli oggetti di alluminio nello stesso cestino di quelli in plastica ......
____

B10. **Leggi con attenzione il paragrafo "Rifiuti in vetro" e completa la tabella indicando quali oggetti sono differenziabili (Vetro) e quali vanno posti tra i rifiuti indifferenziati (Indifferenziato).**

	Vetro	Indifferenziato
a. Tubi al neon		
b. Bottiglie		
c. Lampadine		
d. Pirofile		
e. Barattoli delle conserve		
f. Specchi		

B11. **Dove devono essere riposte la carta da forno e la carta oleata?**

A. ☐ Nella carta
B. ☐ Nella plastica
C. ☐ Tra i rifiuti indifferenziati
D. ☐ Con il vetro

B12. **Gomme da masticare e mozziconi di sigaretta non vanno messi:**

A. ☐ nella carta
B. ☐ tra i rifiuti indifferenziati
C. ☐ nella plastica
D. ☐ nell'umido

B13. **Per quale ragione gli scontrini vanno posti tra i rifiuti indifferenziati? Rintraccia l'informazione nel testo e scrivila nello spazio sottostante.**

____

B14. **Per quanto riguarda le capsule del caffè, il testo segnala tre possibilità di smaltimento: quali? Elencale di seguito.**

____

____

____

____

B15. **Quali rifiuti, pur essendo biodegradabili, vanno posti tra gli indifferenziati?**

A. ☐ I cotton fioc
B. ☐ I pannolini
C. ☐ Le garze
D. ☐ I cerotti

B16. **Indica se la seguente affermazione è vera o falsa e scrivi nell'apposito spazio la motivazione rintracciabile nel testo.**

"Tutte le lettiere vanno nell'indifferenziato."

Vero perché ______________________________

Falso perché ______________________________

____

B17. **Cosa sono le "isole ecologiche"? (Riga 87).**

A. ☐ Zone libere dai rifiuti
B. ☐ Isole in cui è possibile portare i rifiuti
C. ☐ Manifestazioni periodiche di stampo ecologico
D. ☐ Aree attrezzate per la raccolta differenziata dei rifiuti

B18. **Cosa sono i "Raee"?**

A. ☐ Farmaci scaduti
B. ☐ Rifiuti di apparecchiature elettriche ed elettroniche
C. ☐ Oli usati
D. ☐ Tappi e oggetti vari di sughero

B19. **Ti proponiamo di seguito le righe 48-51.**

"Dopo essere stati utilizzati, i fazzoletti di carta vanno buttati nell'umido. Questa regola vale sia per i fazzoletti che usiamo per pulire il naso, sia per i tovaglioli. Nell'indifferenziato vanno invece i tovaglioli di carta decorati con stampe colorate o di consistenza simile alla stoffa."

Come definiresti il lessico utilizzato?

A. ☐ Di difficile comprensione
B. ☐ Chiaro e diretto
C. ☐ Colloquiale
D. ☐ Scientifico

B20. **L'obiettivo del testo è:**

A. ☐ informare in modo divertente
B. ☐ trattare il tema della raccolta differenziata in maniera veloce
C. ☐ fornire consigli pratici da seguire
D. ☐ rendere più semplice la raccolta differenziata

Testo C (testo espositivo)

I ragazzi e la lettura: a leggere bene i dati non siamo andati male quest'anno

Ieri sono stati diffusi i risultati dell'atteso rapporto di PISA[1] 2018 di OCSE[2] che ogni tre anni misura le performance dei quindicenni italiani su diversi aspetti, fra cui la capacità di lettura e comprensione testuale. Sono subito partiti gli "allarmi" sulla decadenza cognitiva dei nostri giovani. In realtà, andando a vedere bene i dati, **non si riscontra un declino nelle capacità di lettura dei quindicenni italiani.** Certo, solo il 77% degli studenti ha raggiunto almeno il livello 2 di competenza in lettura, che significa riuscire a identificare l'idea principale in un testo di lunghezza moderata, trovare informazioni basate su criteri espliciti, anche se a volte complessi, e riflettere sullo scopo e sulla forma dei testi se esplicitamente guidati. **Ma siamo in linea con la media OCSE, che è del 77%.**

Inoltre, se osserviamo i risultati dell'analisi PISA del 2003 che riguarda i ragazzi che oggi hanno trent'anni, le cose non andavano molto meglio. Con un punteggio medio di 476 le prestazioni degli studenti italiani di quindici anni fa erano più basse della media dei Paesi dell'OCSE (494). "In Italia, il punteggio medio in lettura nel 2018 è stato inferiore a quello di PISA 2000 e PISA 2009 (le due rilevazioni precedenti con lettura come ambito principale), ma vicino al livello osservato nella maggior parte delle restanti rilevazioni; non è stato, quindi, possibile determinare una chiara direzione di cambiamento" si legge nel rapporto.

Interessante è accostare questi dati a quelli delle prove INVALSI e ai dati ISTAT[3] sulla diffusione della lettura fra gli italiani, di tutte le età, pubblicati il 3 dicembre 2019. I risultati delle prove INVALSI, condotte nel 2019 fra gli alunni di terza media, mostrano che **solo il 65% dei ragazzi ha superato il livello minimo richiesto, raggiungendo almeno il livello 3 di comprensione testuale**. Percentuali esattamente in linea con le percentuali PISA 2018.

Viene da chiedersi se si tratti di una serie di mancanze da parte dei sistemi scolastici nel far raggiungere a tutti gli obiettivi prefissati o se semplicemente ci siano ragazzi che "performano" diversamente, magari in altre discipline. Si osserva inoltre che la percentuale di alunni italiani che raggiungono i livelli più elevati in comprensione testuale in Italia è in linea con quella della media OCSE fra i maschi, anche se il gap si allarga per le ragazze. A questi livelli (5 e 6), gli studenti comprendono testi lunghi, trattano concetti astratti o controintuitivi e stabiliscono distinzioni tra fatti e opinioni, sulla base di indicazioni implicite relative al contenuto o alla fonte delle informazioni.

Sono i ragazzi che non leggono più, schiacciati dal peso dei social network? Non sembra.

---

1 PISA: acronimo di Programme for International Student Assessment, è un'indagine sull'educazione promossa dall'OCSE.
2 OCSE: Organizzazione per la Cooperazione e lo Sviluppo Economico.
3 ISTAT: Istituto Nazionale di Statistica, ente di ricerca pubblico italiano che si occupa di censimenti e indagini sociali ed economiche.

Dai dati ISTAT si nota chiaramente che **i giovani leggono libri molto più degli anziani, anche se la percentuale di lettori è leggermente calata dal 2007 al 2018.** Da una parte non deve stupire, dal momento che il livello di istruzione medio della fascia di età degli adulti è molto basso: 4 italiani su 10 dai 25 ai 64 anni non posseggono un diploma.

Le ragazzine, e sopratutto le bambine che frequentano la scuola elementare, leggono più dei maschi. Dobbiamo tenere a mente però che qui si parla di libri, non di lettura tout court, che comprende la lettura di siti, blog, giornali e anche contenuti sui social network. Il 45% dei maschi 15-17enni e il 64% delle femmine hanno letto almeno un libro nell'ultimo anno, esclusi i testi scolastici, e una ragazza su sei ne ha letti da 3 a 12, la stessa percentuale che si riscontra fra i 45-60enni.

I dati ISTAT permettono inoltre di segmentare per titolo di studio a seconda della classe di età, scoprendo che, fra chi possiede un diploma, i giovani leggono molto più degli anziani, e lo stesso accade fra chi ha un titolo di studio più basso.

Infine, si osserva che se in casa si legge, e se lo fanno abitualmente entrambi i genitori, i ragazzi sono più portati a fare lo stesso: **solo il 40% dei 15-18enni che provengono da famiglie dove nessuno legge lo fa, mentre fra chi proviene da realtà dove è abitudine che i genitori comprino libri la percentuale è doppia.** Fra i bambini il gap è ancora più evidente.

(Adattato da https://www.infodata.ilsole24ore.com/2019/12/05/ragazzi-la-lettura-guardiamoli-meglio-dati-pisa-2018/?refresh_ce=1)

C1. Il rapporto PISA misura:

A. ☐ la capacità di comprensione di un testo in lingua straniera
B. ☐ la capacità dei quindicenni di affrontare un testo di media difficoltà
C. ☐ le performance di quindicenni su vari aspetti
D. ☐ il livello di attenzione dei quindicenni

C2. In ambito linguistico i quindicenni sono stati messi alla prova in merito a:

A. ☐ conoscenza del lessico
B. ☐ competenze grammaticali
C. ☐ abilità di lettura e scrittura
D. ☐ capacità di lettura e comprensione testuale

C3. Gli "allarmi" sulla decadenza cognitiva dei giovani italiani:

A. ☐ sono stati smentiti dalle ricerche
B. ☐ sono stati sottovalutati da tutti
C. ☐ hanno sorpreso tutti i ricercatori
D. ☐ sono stati confermati dalle ricerche

C4. "Certo" (riga 5) ha la funzione di:

A. ☐ confermare il contenuto dell'affermazione precedente
B. ☐ spostare il dibattito su altre tematiche
C. ☐ introdurre elementi di dubbio sulla validità della ricerca
D. ☐ richiamare l'attenzione su una situazione non facile (rispetto alla frase precedente)

C5. **"Ma" (riga 8) ha la funzione di introdurre:**

A. ☐ una considerazione diversa da quella espressa in precedenza
B. ☐ un concetto in linea con quanto già espresso
C. ☐ un esempio
D. ☐ il parere di un ricercatore

C6. **Le competenze di lettura dei giovani italiani sono:**

A. ☐ al di sopra della media OCSE
B. ☐ in linea con la media OCSE
C. ☐ al di sotto della media OCSE
D. ☐ molto al di sotto della media OCSE

C7. **Rileggi attentamente le righe 10-16. A quali conclusioni si giunge dopo aver comparato l'insieme dei dati? Rintraccia l'informazione nel testo e scrivila nello spazio sottostante.**

____

C8. **Per quale motivo le considerazioni espresse tra le righe 13 e 16 ("In Italia... di cambiamento") sono poste tra virgolette?**

A. ☐ Per dare maggiore rilievo ai contenuti
B. ☐ Per rendere più agevole la lettura
C. ☐ Perché si tratta di una citazione
D. ☐ Per una scelta grafica

C9. **Cosa emerge dalla comparazione dei dati delle rilevazioni PISA con quelli di INVALSI? (Righe 17-21). Indica quali affermazioni sono vere e quali false.**

Affermazioni	Vero	Falso
a. Il 65% dei ragazzi italiani ha superato il livello minimo richiesto.		
b. I dati INVALSI non sono comparabili con quelli PISA.		
c. Il 65% dei ragazzi italiani non ha raggiunto il livello 3 di comprensione testuale.		
d. I risultati sono in linea con quelli della ricerca PISA 2018.		

C10. **Nel testo si legge che non è vero che i giovani non leggono più a causa del peso dei social network (righe 30-31). Quale considerazione supporta questa affermazione?**

A. ☐ Gli anziani leggono più dei giovani
B. ☐ I giovani leggono più degli anziani
C. ☐ I giovani leggono come gli anziani
D. ☐ Gli anziani non prestano attenzione ai social network

C11. Quali considerazioni si possono fare sull'approccio alla lettura di ragazzi e ragazze? Indica quali affermazioni sono vere e quali false.

Affermazioni	Vero	Falso
a. I ragazzi leggono più delle ragazze ma non alle scuole elementari.		
b. Una ragazza su sei ha letto più di dodici libri in un anno.		
c. Il 45% dei maschi 15-17 enni e il 64% delle femmine hanno letto almeno un libro nell'ultimo anno.		
d. La ricerca si occupa solo di rilevare la lettura di libri.		

C12. L'ISTAT mette a confronto i diplomati giovani e anziani: cosa rivela l'indagine? Rintraccia l'informazione nel testo e scrivila nello spazio sottostante.

____

C13. L'indagine mostra che nelle case dove i genitori leggono di più:

A. ☐ i figli non leggono volentieri
B. ☐ si parla di meno con i figli
C. ☐ si limita l'utilizzo di pc e tablet
D. ☐ i figli sono portati a fare lo stesso

C14. Qual è la traduzione di "gap"? (Riga 49).

A. ☐ Conclusione
B. ☐ Dato
C. ☐ Divario, differenza
D. ☐ Risultato

C15. Rileggi con attenzione il titolo dell'articolo. Esso offre una chiave di lettura dell'intero testo. Cosa esprime questo titolo?

A. ☐ Moderata soddisfazione
B. ☐ Pessimismo
C. ☐ Ottimismo
D. ☐ Sostanziale indifferenza

LESSICO

D1. Indica se le parole sottolineate sono usate in senso comune, specialistico o metaforico.

	Comune	Specialistico	Metaforico
a. Gigi è veloce come un fulmine.			
b. In un laboratorio di ricerca è stata fatta un'importante scoperta sui neutroni.			
c. Il giornale di ieri non riportava quella notizia.			
d. L'inverno è la stagione dello sci.			
e. Il centravanti del Milan ha segnato su corner con un tiro ben angolato.			

D2. Nelle frasi che seguono manca la stessa parola, usata con significati di volta in volta diversi. Scrivi la parola mancante nella casella corrispondente.

Esempio:
Al telegiornale hanno trasmesso un interessante ________ sul tema del riciclo dei rifiuti.
Il ________ da tè in mostra è decorato in oro.
Il ________ di leva obbligatorio è stato abolito per legge.
Parola corretta: ________

1. Aver visto quel cadavere mi ha fatto proprio ________.
2. Non ha ________ che tu rida delle sventure altrui.
3. Gli uomini percepiscono i sapori attraverso il ________ del gusto.

Parola corretta: ________

D3. Quale delle seguenti espressioni NON può essere usata per il termine "boccone"?

A. ☐ Nome
B. ☐ Maschile
C. ☐ Singolare
D. ☐ Alterato

D4. Scegli fra le quattro alternative proposte quella che completa la parola o la frase evidenziata (forma cioè una "collocazione lessicale").

Esempio:
dilazionare ________

1. ☐ un argomento
2. ☐ un pagamento
3. ☐ una fessura
4. ☐ una spia

________ il sonno

1. ☐ Sprofondare
2. ☐ Uscire
3. ☐ Conciliare
4. ☐ Contrarre

D5. **Leggi con attenzione la voce seguente, tratta da un dizionario. Poi, per ognuna delle affermazioni in tabella, indica se è vera o falsa.**

> ***fonda*** [fón-da] s.f.
> - *MAR* Tratto di mare che permette l'ancoraggio
> Essere, stare, rimanere alla fonda, di imbarcazione ancorata o ormeggiata a distanza dalla riva
> - *raro* Profondità marine
> - *ant., fig.* Abbondanza, quantità elevata

Metti una crocetta per ogni riga.

Affermazioni	Vero	Falso
a. La parola *fonda* può essere sia un aggettivo che un nome.		
b. La parola *fonda* è composta di 2 sillabe.		
c. La parola *fonda* ha un significato proprio, uno raro e uno figurato.		
d. Il plurale di *fonda* è irregolare.		
e. *Fonda* può essere sinonimo di ancora.		
f. *Fonda* è una parola piana.		

D6. **Scrivi la parola che corrisponde alla definizione.**

Esempio: Edificio adibito ad abitazione dell'uomo: (nome che inizia per c) ____________________

Il luogo dove si paga in un supermercato: (nome che inizia con c) ____________________

D7. **Indica se l'espressione sottolineata nelle frasi che seguono è usata:**
a) in senso informale (registro basso);
b) in senso neutro (registro standard);
c) in senso formale (registro elevato).

	Registro basso	Registro standard	Registro elevato
1. Scusi, vorrei chiederle gentilmente se può cambiare atteggiamento.			
2. Se non la pianti, ti tiro un pugno!			
3. Puoi smettere di disturbare?			

RIFLESSIONE SULLA LINGUA

E1. **In ognuna delle seguenti frasi c'è il segno dei due punti (:), ma ogni volta con una funzione diversa. Collega ogni frase con la funzione svolta in essa dai due punti. Fa' attenzione che nella colonna delle funzioni ce n'è una in più.**

Frasi	I due punti hanno la funzione di introdurre:
a. ☐ I dolci che preferisco sono: i bignè, i gelati, la torta al cioccolato e la crostata di frutta.	1. Una spiegazione
b. ☐ Il meteorologo ha annunciato: «Fra domani e dopodomani al nord diminuiranno le temperature».	2. Una conseguenza
c. ☐ Il capotreno fischiò: il treno si mise lentamente in moto.	3. Un elenco 4. Un discorso diretto

E2. **Quale delle seguenti parole corrisponde a questa analisi: *nome, femminile, singolare, alterato*?**

A. ☐ Casamatta
B. ☐ Casetta
C. ☐ Casella
D. ☐ Casine

E3. **Leggi questo testo.**

"Un ladro a notte fonda gettò un buon boccone a un cane per farselo amico, ma il cane si mise ad abbaiare e avrebbe svegliato il padrone, se il padrone non l'avesse sentito".

Riporta nella tabella tutte le forme verbali; poi indica per ognuna il modo e il tempo.

	Forma verbale	Modo	Tempo
a.			
b.			
c.			
d.			
e.			
f.			

E4. **Leggi il periodo che segue, composto da due frasi.**

"Se questa mattina non ci fosse così tanto traffico, andrei a scuola in bicicletta".

Individua il soggetto di ogni frase e scrivilo accanto a ognuna.

Frasi	Soggetto
a. Se questa mattina non ci fosse così tanto traffico	
b. Andrei a scuola in bicicletta	

E5. **Indica la frase in cui c'è un predicato nominale.**

A. ☐ In cucina c'è la pizza.
B. ☐ La zona era sorvegliata da telecamere.
C. ☐ Quel ragazzo è un vero fenomeno!
D. ☐ Il libro è finito sotto il divano.

E6. **In quale delle seguenti frasi ci sono contemporaneamente un complemento di tempo e uno di agente?**

A. ☐ Nelle città d'arte d'estate le vie e le piazze sono invase dai turisti.
B. ☐ In primavera le rondini ritornano dai paesi africani.
C. ☐ In campagna dalla mia finestra vedo le colline lontane.
D. ☐ In autunno le foglie cadute dagli alberi tappezzano le strade.

E7. **Nel periodo "Mi chiedo che cosa stia facendo" la frase "che cosa stia facendo" è:**

A. ☐ una frase soggettiva
B. ☐ una frase oggettiva esplicita
C. ☐ una frase consecutiva
D. ☐ una frase interrogativa indiretta

E8. **Di seguito ci sono due coppie di frasi. Unisci in un solo periodo le due frasi di ogni coppia, sostituendo il nome ripetuto nella seconda frase con il pronome relativo appropriato.**

1) Oggi sono andato a scuola con il motorino.
2) Ho comprato il motorino il mese scorso.
a. Oggi sono andato a scuola con il motorino ______________________.
1) Poco fa ho visto passare la ragazza.
2) Ti ho detto il nome della ragazza.
b. Poco fa ho visto passare la ragazza ______________________.

Il mio risultato:

Prova di comprensione del testo A	____**/16**
Prova di comprensione del testo B	____**/20**
Prova di comprensione del testo C	____**/15**
Lessico	____**/7**
Prova sulle conoscenze grammaticali	____**/8**
Punteggio totale	____**/66**

Ho trovato la prova:

☐ Difficile
☐ Più semplice di quanto pensassi
☐ Adeguata alle mie aspettative e capacità
☐ Altro ______________________

Testo A (testo narrativo)

Ma d'ora in poi avremo uno Stato ebraico

Meno di un anno dopo quell'estate gli inglesi lasciarono il nostro Paese[1]. Nacque lo Stato ebraico, e la notte stessa della sua fondazione gli eserciti arabi lo attaccarono su tutti i fronti, ma Israele combatté e vinse e da allora ha vinto tante altre volte[2].

Mamma, che un tempo aveva studiato da infermiera, bendava i feriti presso la stazione di emergenza allestita presso il chiosco "Shibbolet". La notte la mandavano a dare notizia dei morti alle famiglie, insieme alla dottoressa Magda Grophius. Quando non aveva a che fare con feriti e morti, mamma passava il suo tempo all'istituto, a prendersi cura dei suoi orfani. Dormiva due, tre ore per notte, su una branda nel magazzino. A casa non veniva quasi. Nei mesi della guerra mamma cominciò a fumare, e da allora non smise più, lo faceva con un'aria quasi disgustata, come se le sigarette le provocassero una nausea profonda. Papà continuò a formulare i suoi slogan, ma anche ordini del giorno, e seguì un corso accelerato per imparare a usare il mortaio[3]: inclinava leggermente gli occhiali, alzava un po' le stanghette e abbassava di conseguenza le lenti, e con precisione e puntiglio smontava e montava di nuovo un mortaio casalingo che avvitava stretto, come quando aggiungeva una significativa nota a margine alla sua ricerca. Io e Ben Hur e Chita[4] riempivamo centinaia di sacchi di sabbia[5], aiutavamo a scavare trincee, trasmettevamo di corsa messaggi da una postazione all'altra durante l'assedio di Gerusalemme, sotto le raffiche dell'esercito di Transgiordania. Una delle quali tranciò un ulivo e decapitò il più giovane dei fratelli Sinopsky mentre i due erano seduti sotto l'albero a mangiare sardine. Dopo la guerra il maggiore se ne andò, e la drogheria fu rilevata in società dal padre di Chita. Ricordo la notte di fine novembre in cui la radio annunciò che le Nazioni Unite in America, in un posto chiamato Lake Success, avevano deciso di lasciarci fondare uno Stato ebraico, piccolissimo in effetti e composto da tre pezzi separati. All'una di notte papà tornò da casa del dottor Buster, dove si erano riuniti tutti per sentire che cosa avrebbe detto la radio dei risultati del voto per la mozione[6] ONU, si chinò, mi accarezzò con la mano calda il viso e disse: — Sveglia. Sveglia. Non dormire.

Poi mi alzò la coperta e si distese accanto a me vestito com'era (lui che insisteva sempre che non bisognava mai andare a letto vestiti da giorno, per nessuna ragione). Rimase in silenzio per qualche istante e continuò a carezzarmi la testa, e io non osavo quasi respirare; poi d'un tratto cominciò a parlare di cose di cui in casa mia nessuno aveva mai parlato, perché era proibito parlarne, cose di cui avevo sempre saputo che non bisognava fare domande e basta. Non si domandava né a lui né alla mamma e, in generale, da noi c'erano molti argomenti dei quali

---

1 Lasciarono il nostro Paese: siamo nel 1948.
2 Ha vinto...volte: dopo la prima guerra arabo-israeliana (1948-1949), ve ne fu una seconda nel 1956 e una terza (la cosidetta "Guerra dei sei giorni") nel 1967. Tutte furono vinte da Israele.
3 Mortaio: pezzo di artiglieria utilizzato per tiri di breve gittata.
4 Ben Hur e Chita: sono gli amici del protagonista.
5 Riempivamo... sabbia: anche i ragazzi sono impegnati nelle attività belliche; in questo caso, i sacchi di sabbia servono a costruire piccoli avamposti fortificati.
6 Mozione: proposta avanzata in un'assemblea in vista di un'approvazione oppure di un respingimento.

meno si chiedeva meglio era per tutti. Mi raccontò con una voce di tenebra com'era quando lui e mamma erano due bambini vicini di casa in una cittadina polacca. Della marmaglia[7] che li tormentava in cortile, che li picchiava brutalmente perché gli ebrei, dicevano, sono tutti ricchi, truffatori e affaristi. E di quella volta che in classe, al ginnasio, l'avevano spogliato di forza, davanti alle ragazze, c'era anche mamma, per prenderlo in giro perché era circonciso[8]. E di suo papà, cioè il nonno, uno dei tanti nonni che un giorno Hitler mi avrebbe ucciso, che con la cravatta di seta e la giacca era andato a lamentarsi dal preside, ma uscendo dal suo ufficio quelli l'avevano preso e spogliato anche lui di forza, in classe, davanti alle ragazze.

E sempre con quella voce di tenebra, mi disse così, papà: — Ma d'ora in poi avremo uno Stato ebraico.

E improvvisamente mi abbracciò, non con tenerezza, ma quasi selvaggiamente. E quando nel buio la mia mano capitò sulla sua faccia, invece degli occhiali trovò delle lacrime. Fu quella l'unica volta in vita mia in cui vidi mio padre che piangeva. In realtà neanche allora lo vidi: lo vide la mia mano sinistra.

(Adattato da Amos Oz, *Una pantera in cantina*, Feltrinelli)

7 Marmaglia: persone spregevoli, gentaglia.
8 Circonciso: è usanza religiosa degli ebrei, ma anche di altri popoli, oltre che pratica igienico-sanitaria, tagliare il prepuzio del pene ai bambini nati da poco.

A1. Cosa successe meno di un anno dopo quell'estate?

A. ☐ Finì la Seconda guerra mondiale
B. ☐ Arrivarono gli ebrei
C. ☐ Arrivarono gli inglesi
D. ☐ Nacque lo Stato ebraico

A2. Che cosa si intende per "nostro Paese"?

A. ☐ Italia
B. ☐ Israele
C. ☐ Palestina
D. ☐ Regno Unito

A3. Chi attaccò più volte il nuovo Stato?

____

A4. Qual era la funzione della madre del narratore?

A. ☐ Dottoressa
B. ☐ Infermiera
C. ☐ Addetta della Protezione Civile
D. ☐ Sacerdotessa

A5. **Dove si recava la madre del narratore quando non lavorava in infermeria?**

____

A6. **Chi è la dottoressa?**

A. ☐ Magda Grophius
B. ☐ Shibbolet
C. ☐ Ben Hur
D. ☐ Sinopsky

A7. **Dove si trovava la branda su cui dormiva la mamma?**

____

A8. **Chi sono gli avversari degli israeliani durante l'assedio di Gerusalemme?**

A. ☐ I soldati ebrei
B. ☐ I soldati americani
C. ☐ I soldati transgiordani
D. ☐ Gli Alleati

A9. **Come contribuivano i ragazzi alle attività belliche?**

____

____

A10. **Quale dei personaggi citati non è presente nel luogo in cui si svolgono i fatti?**

A. ☐ Il giovane Sinopsky
B. ☐ Hitler
C. ☐ Il dottor Buster
D. ☐ La madre del narratore

A11. **Quali di queste affermazioni sono vere e quali false?**

Affermazioni	Vero	Falso
a. Gli ebrei in passato erano tormentati.		
b. Gli ebrei sono tutti truffatori e affaristi.		
c. Il preside ha spogliato il nonno del narratore davanti alle ragazze.		
d. Il nonno del narratore indossava la cravatta di seta e la giacca.		
e. I genitori del narratore da giovani vivevano in una cittadina polacca.		

A12. **Come è scritta la narrazione?**

A. ☐ Da un narratore esterno
B. ☐ Come un racconto inventato
C. ☐ Da un narratore interno
D. ☐ Come pagina di diario

A13. **Chi parla al narratore di come erano trattati gli ebrei in passato?**

A. ☐ La madre
B. ☐ Il nonno
C. ☐ Il padre
D. ☐ Il fratello maggiore

A14. **Come il narratore scopre che il padre sta piangendo?**

____

A15. **Perché il padre abbraccia il narratore?**

A. ☐ Perché teme di perderlo
B. ☐ Perché è stato maltrattato per il fatto di essere ebreo
C. ☐ Per la gioia della nascita dello Stato ebraico
D. ☐ Perché gli ha appena raccontato fatti tristi

Testo B (testo espositivo)

Oro blu, inizia l'epoca della "guerra dell'acqua"

Pericolo di tensioni e conflitti per il controllo dell'"oro blu"

Il pericolo di tensioni e conflitti legati all'accesso e al controllo delle scarse risorse idriche da diversi anni è al centro del dibattito degli analisti di tutto il mondo. E sono in molti a considerare che le guerre del nostro secolo scoppieranno a causa delle dispute per il controllo del cosiddetto "oro blu", soprattutto nelle aree in cui scarseggia e l'approvvigionamento dipende da fiumi e laghi transfrontalieri.

Ismail Serageldin, ex vicepresidente della Banca Mondiale, già nel 1995 avvertì: "Se le guerre del XX secolo sono state combattute per il petrolio, quelle del XXI secolo avranno come oggetto l'acqua".

Se la centenaria guerra tra le città sumere di Umma e Lagash per il controllo del fiume Tigri risale al 2500 a.C., ancora oggi sono diverse le regioni soggette a forti tensioni per la gestione delle risorse idriche strategiche. Molti conflitti per l'acqua – come sostiene l'ambientalista indiana Vandana Shiva – non sono facilmente riconoscibili in quanto mascherati da contrasti etnici, religiosi o sociali. Ciò nonostante, la condivisione dell'acqua è diventata un motivo di tensioni geopolitiche internazionali e molti governi hanno fatto della questione idrica una priorità di sicurezza nazionale.

Da Israele all'India passando per la Turchia, sono numerosi i focolai che presto potrebbero sfociare in veri e propri conflitti armati. Il corso del Nilo, riserva idrica di molti Paesi africani; il fiume Indo in Pakistan, i cui affluenti nascono in India; il bacino fluviale del Giordano e infine il controllo da parte della Turchia del Tigri e dell'Eufrate, da cui dipendono Siria e Iraq; il Mekong in Asia sono alcuni dei teatri futuri delle guerre per l'acqua.

L'acqua come arma di guerra

L'acqua, inoltre, svolge spesso un ruolo significativo nelle guerre, tanto da diventare un'arma essa stessa. Le infrastrutture, come ad esempio gli impianti di trattamento, i sistemi di tubazioni, le stazioni di pompaggio o i serbatoi possono diventare bersagli delle azioni militari. Un esempio recente si è visto nella guerra in Siria, dove gli abitanti di Damasco sono rimasti tra dicembre 2016 e gennaio 2017 per oltre quindici giorni senz'acqua. A causa dei combattimenti nella valle di Wadi Barada, numerose canalizzazioni sono state distrutte, con la conseguente interruzione del servizio di fornitura d'acqua alla capitale siriana.

Cambiamento climatico e migrazioni

Il cambiamento climatico è destinato a trasformare il nostro Pianeta; l'aumento delle regioni desertiche unito alla continua contaminazione delle falde acquifere sta portando a grandi migrazioni di popolazioni, con il rischio di peggiorare la già difficile condizione di intere regioni caratterizzate da scarsità d'acqua. Ma non solo: se è vero che il controllo dell'acqua può portare a un conflitto armato, è altrettanto vero che proprio a causa delle guerre si può produrre un'emergenza idrica. Com'è accaduto in Sudan nel 2006, dove l'aumento improvviso dei rifugiati eritrei che fuggivano dalla violenza nel loro Paese ha determinato una maggiore richiesta d'acqua causando un'ulteriore pressione sulle già limitate risorse d'acqua sudanesi.

Ma se la scarsità d'acqua e il controllo delle risorse idriche possono condurre ai cosiddetti "idroconflitti" fra Stati, possono anche indurli a cercare accordi di cooperazione per una gestione consensuale di questa risorsa vitale per la sopravvivenza del genere umano.

(Ridotto e adattato da: www.fanpage.it)

B1. **In base al testo che hai letto quali affermazioni sono vere e quali false?**

Affermazioni	Vero	Falso
a. Per "oro blu" si intende la benzina.		
b. La situazione è più delicata dove l'approvvigionamento dipende da fiumi e laghi transfrontalieri.		
c. Molti conflitti per l'acqua sono mascherati da contrasti etnici, religiosi o sociali.		
d. Le guerre per il petrolio caratterizzano il XXI secolo.		
e. La guerra tra le città di Umma e Lagash era per il controllo del fiume Tigri.		

B2. **Chi è l'ex vicepresidente della Banca Mondiale?**

____

B3. **La guerra tra le città sumere di Umma e Lagash riguardava il controllo del fiume:**

A. ☐ Tigri
B. ☐ Eufrate
C. ☐ Nilo
D. ☐ Mekong

B4. **Come si chiama l'ambientalista citata nel testo?**

____

B5. **Quale di questi stati potrebbe essere focolaio di guerre per il controllo dell'oro blu?**

A. ☐ Libano
B. ☐ Nigeria
C. ☐ Turchia
D. ☐ Laos

B6. **Che cosa può essere bersaglio di azioni militari?**

A. ☐ Il corso di un fiume
B. ☐ La foce del fiume
C. ☐ Gli impianti di trattamento, i sistemi di tubazioni, le stazioni di pompaggio o i serbatoi
D. ☐ Le centrali idroelettriche

B7. **In quale zona sono stati distrutti i sistemi di canalizzazione?**

____

B8. **Quale di questi fenomeni è causa di migrazioni?**

A. ☐ La contaminazione delle falde acquifere
B. ☐ Il conflitto per l'uso delle acque
C. ☐ La desertificazione delle coste
D. ☐ Gli scontri tra tribù

B9. **Dove l'arrivo di molti rifugiati ha causato un aumento della richiesta idrica?**

A. ☐ Eritrea
B. ☐ Sudan
C. ☐ Pakistan
D. ☐ Siria

B10. **Come sono chiamati nel testo i conflitti per il controllo dell'oro blu?**

____

Testo C (testo non continuo)

Un'Italia di meraviglie

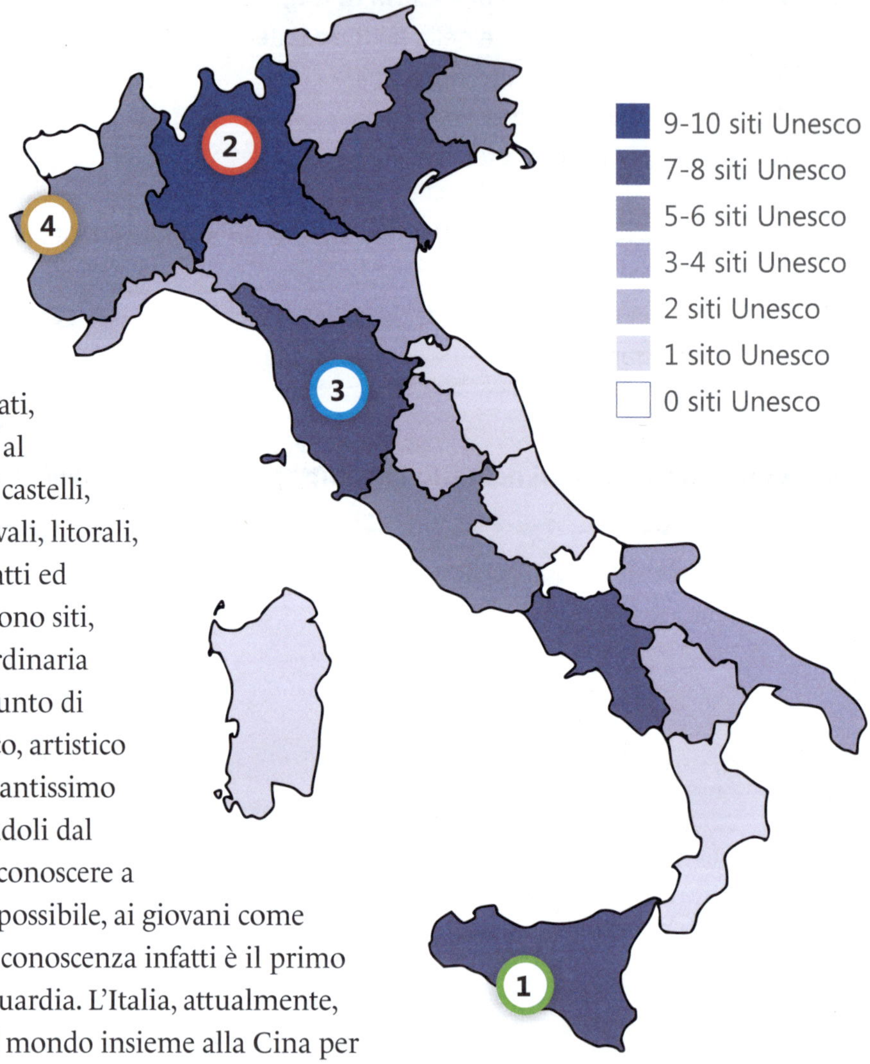

Quelli che vedi indicati sono alcuni dei 55 "Patrimoni dell'Umanità" italiani. Sono stati selezionati dall'UNESCO per la loro eccezionalità. Paesaggi incontaminati, aree agricole uniche al mondo, edifici sacri, castelli, centri urbani medievali, litorali, tutti lasciano stupefatti ed emozionati poiché sono siti, cioè luoghi, di straordinaria importanza da un punto di vista culturale, storico, artistico o naturale. È importantissimo conservarli difendendoli dal degrado e facendoli conoscere a quante più persone possibile, ai giovani come te, in particolare. La conoscenza infatti è il primo passo verso la salvaguardia. L'Italia, attualmente, è al primo posto nel mondo insieme alla Cina per numero di siti. Siccome la lista è in continua evoluzione, puoi consultare www.unesco.it per scoprire se ne sono stati aggiunti altri.

1 **Valle dei Templi**
L'area archeologica di Agrigento, conosciuta come Valle dei Templi, è composta di ben 12 templi, risalenti ai secoli VI-II a.C., eccezionalmente conservati.

2 **Santa Maria delle Grazie e il Cenacolo**

La Chiesa di Santa Maria delle Grazie, nel cuore di Milano, è una delle massime testimonianze dell'arte rinascimentale. Conserva infatti al suo interno l'affresco di Leonardo da Vinci che raffigura l'ultima cena di Cristo, il "Cenacolo".

3 **Val d'Orcia**

La Val d'Orcia si trova nell'entroterra agricolo di Siena, nell'Italia centrale, e comprende un paesaggio agricolo e pastorale, ma anche città, villaggi e case coloniche.

4 **Residenze Sabaude**

Le Residenze Sabaude sono 22 luoghi di residenza e di svago (11 nel centro di Torino e 11 intorno alla città) della famiglia reale dei Savoia e della loro corte.

C1. **Che cosa si intende per "Patrimoni dell'Umanità"?**

____

C2. **Quale di questi aspetti NON è contemplato tra i "Patrimoni dell'Umanità"?**
A. ☐ Paesaggi incontaminati
B. ☐ Edifici sacri
C. ☐ Luoghi di interesse economico
D. ☐ Centri urbani medievali

C3. **Da che cosa vanno difesi questi luoghi?**
A. ☐ Dal turismo di massa
B. ☐ Dal degrado
C. ☐ Dalla modernizzazione
D. ☐ Dalle temperature eccessive

C4. **Quali di queste affermazioni sono vere e quali false?**

Affermazioni	Vero	Falso
a. I 12 templi di Agrigento risalgono al VI-II secolo d.C.		
b. Il Cenacolo e S. Maria delle Grazie sono lo stesso monumento.		
c. La Val d'Orcia si trova nell'entroterra agricolo di Siena.		
d. Le Residenze Sabaude sono 22 e si trovano tutte nel centro di Torino.		
e. Le Residenze Sabaude appartengono alla famiglia reale dei Savoia.		

C5. **Che cosa si intende per "Valle dei Templi"?**
A. ☐ La valle scavata per costruire i Templi
B. ☐ Il marchio dell'organizzazione che gestisce tutti i templi greci in Italia
C. ☐ L'area archeologica di Agrigento
D. ☐ Una parte dei templi poco elevata

C6. **La Chiesa di S. Maria delle Grazie:**
A. ☐ appartiene al periodo rinascimentale
B. ☐ appartiene al periodo medievale
C. ☐ è una realizzazione di Leonardo da Vinci
D. ☐ è stata affrescata interamente da Leonardo da Vinci

C7. **In Val d'Orcia NON si trova:**
A. ☐ un paesaggio agricolo
B. ☐ un casale colonico
C. ☐ una città
D. ☐ un litorale

C8. **In quale regione si trovano 9-10 siti UNESCO?**

____

C9. **Quante regioni italiane non hanno siti UNESCO?**

A. ☐ 1
B. ☐ 2
C. ☐ 3
D. ☐ 5

C10. **Quali regioni hanno almeno 3 siti UNESCO?**

A. ☐ Lazio, Friuli e Piemonte
B. ☐ Emilia Romagna e Puglia
C. ☐ Lazio e Piemonte
D. ☐ Campania, Lazio, Friuli e Piemonte

C11. **Dove si possono raccogliere informazioni sui "Patrimoni dell'Umanità"?**

____

C12. **Qual è il primo passo verso la salvaguardia?**

A. ☐ L'educazione
B. ☐ La conoscenza
C. ☐ La bellezza
D. ☐ La cura

LESSICO

D1. **Quale di queste forme è il comparativo di maggioranza corretto di "buono"?**

A. ☐ Maggiore
B. ☐ Migliore
C. ☐ Ottimo
D. ☐ Bellissimo

D2. **Trova tra le parole che seguono, tutte formate con l'elemento "auto", l'unica in cui "auto" non significa "da sé / di se stesso".**

A. ☐ Autodidatta
B. ☐ Autosufficiente
C. ☐ Autopulente
D. ☐ Autore

D3. **Nella frase "È un uomo grossolano e dal carattere irascibile" compaiono due aggettivi, "grossolano" e "irascibile". Individua per ciascuno di questi due aggettivi un sinonimo e un contrario.**
Metti una crocetta per ogni riga e ogni colonna.

Aggettivi	Sinonimi	Contrari
Grossolano	A. ☐ Malvestito	A. ☐ Raffinato
	B. ☐ Sporco	B. ☐ Astuto
	C. ☐ Rozzo	C. ☐ Intelligente
Irascibile	A. ☐ Sensibile	A. ☐ Calmo
	B. ☐ Collerico	B. ☐ Indifferente
	C. ☐ Risoluto	C. ☐ Superficiale

D4. **Scrivi la parola che corrisponde alla definizione.**

Esempio: Edificio adibito ad abitazione dell'uomo: (nome che inizia per c) ____________________
Costruire un'opera in muratura: (verbo che inizia con E) ____________________

D5. **Scegli fra le quattro alternative proposte quella che completa la parola o la frase evidenziata (forma cioè una "collocazione lessicale").**

Esempio:
dilazionare ____________________
1. ☐ un argomento
2. ☐ un pagamento
3. ☐ una fessura
4. ☐ una spia

____________________ una regola
1. ☐ Fare
2. ☐ Trasgredire
3. ☐ Realizzare
4. ☐ Stipulare

D6. **Nelle frasi che seguono manca la stessa parola, usata con significati di volta in volta diversi. Scrivi la parola mancante nella casella corrispondente.**

Esempio:

Al telegiornale hanno trasmesso un interessante ________ sul tema del riciclo dei rifiuti.

Il ________ da tè in mostra è decorato in oro.

Il ________ di leva obbligatorio è stato abolito per legge.

Parola corretta: ________

1. Il suo ________ di battaglia è il gioco delle carte.
2. Se riusciamo a convincere Marta siamo a ________.
3. Purtroppo ieri Luca era di nuovo KO, aveva una febbre da ________.

Parola corretta: ________

RIFLESSIONE SULLA LINGUA

E1. **Quale delle seguenti frasi contiene un errore?**

A. ☐ Un'amica mi ha aiutato a finire gli esercizi.
B. ☐ L'incendio è stato spento dalle bidelle con un'estintore.
C. ☐ Michael non riesce a vivere senza un pallone.
D. ☐ Un buon raccoglitore sa trovare un sacco di funghi.

E2. **Nella frase "Carlo ha studiato scienze tutto il pomeriggio (...) ma non ha preso la sufficienza", quale segno di interpunzione va posto nella posizione indicata dalle parentesi?**

A. ☐ Virgola
B. ☐ Punto e virgola
C. ☐ Due punti
D. ☐ Punto esclamativo

E3. **Indica quale valore ha il "che" nelle seguenti frasi:**

	Congiunzione	Pronome relativo	Pronome interrogativo/esclamativo
a. Che bello!			
b. Monica, che è caduta da cavallo, è ora in ospedale.			
c. Ti dico che devi smetterla!			
d. Mi restituisci il libro che ti ho prestato?			
e. Che ne pensi?			

E4. **Inserisci il tempo e il modo verbale corretti:**

A. Se potessi, ti ____________ (comprare) quel paio di scarpe!
B. Mi piacerebbe che tu _________ (fare) quello che ti ho detto!

E5. **Nella frase "Simone si sta allenando da mesi <u>per la gara</u>", il complemento sottolineato è:**

A. ☐ di tempo
B. ☐ di causa
C. ☐ di fine
D. ☐ di termine

E6. **Riporta la forma passiva delle seguenti frasi (e viceversa).**

ATTIVO	PASSIVO
Dennis aveva bucato le sue scarpe nuove.	
	Davide è stato aggredito da una banda di teppisti.

E7. **Quale di queste congiunzioni può unire queste due frasi: "Mi metto il costume/ vado in piscina"?**

A. ☐ Affinché
B. ☐ Sebbene
C. ☐ Dopo che
D. ☐ Quando

E8. **Quale dei seguenti periodi contiene una coordinata?**

A. ☐ Riccardo ha vinto la lotteria.
B. ☐ Simone sarebbe venuto con noi a Berlino, ma ha problemi economici.
C. ☐ Ho preso una pastiglia per il mal di denti.
D. ☐ Samuele mi ha raccontato che sei caduto in un fosso.

E9. **Nel periodo "Le prometto che vado a fare i compiti che mi ha assegnato", la frase "che mi ha assegnato" è:**

A. ☐ una subordinata di 1° grado esplicita
B. ☐ una coordinata
C. ☐ una subordinata di 1° grado implicita
D. ☐ una subordinata di 2° grado esplicita

Il mio risultato:

Prova di comprensione del testo A	___**/15**
Prova di comprensione del testo B	___**/10**
Prova di comprensione del testo C	___**/12**
Lessico	___**/6**
Prova sulle conoscenze grammaticali	___**/9**
Punteggio totale	___**/52**

Ho trovato la prova:

☐ Difficile
☐ Più semplice di quanto pensassi
☐ Adeguata alle mie aspettative e capacità
☐ Altro ______________________

Testo A (testo narrativo)

Il colombre

Quando Stefano Roi compì i dodici anni, chiese in regalo a suo padre, capitano di mare e padrone di un bel veliero, che lo portasse con sé a bordo. «Quando sarò grande» disse «voglio andar per mare come te. E comanderò delle navi ancora più belle e grandi della tua.» «Che Dio ti benedica, figliolo» rispose il padre. E siccome proprio quel giorno il suo bastimento doveva partire, portò il ragazzo con sé. Era una giornata splendida di sole; e il mare tranquillo. Stefano, che non era mai stato sulla nave, girava felice in coperta[1], ammirando le complicate manovre delle vele. E chiedeva di questo e di quello ai marinai che, sorridendo, gli davano tutte le spiegazioni. Come fu giunto a poppa[2], il ragazzo si fermò, incuriosito, a osservare una cosa che spuntava a intermittenza in superficie, a distanza di due-trecento metri, in corrispondenza della scia della nave. Benché il bastimento già volasse, portato da un magnifico vento al giardinetto[3], quella cosa manteneva sempre la distanza. E, sebbene egli non ne comprendesse la natura, aveva qualcosa di indefinibile, che lo attraeva intensamente. Il padre, non vedendo Stefano più in giro, dopo averlo chiamato a gran voce invano, scese dalla plancia[4] e andò a cercarlo. «Stefano, che cosa fai lì impalato?» gli chiese scorgendolo infine a poppa, in piedi, che fissava le onde. «Papà, vieni qui a vedere.» Il padre venne e guardò anche lui nella direzione indicata dal ragazzo, ma non riuscì a vedere niente. «C'è una cosa scura che spunta ogni tanto dalla scia» disse «e che ci viene dietro.» «Nonostante i miei quarant'anni» disse il padre «credo di avere ancora una vista buona. Ma non vedo assolutamente niente.» Poiché il figlio insisteva, andò a prendere il cannocchiale e scrutò la superficie del mare, in corrispondenza della scia. Stefano lo vide impallidire. «Cos'è? Perché fai quella faccia?» «Oh, non ti avessi ascoltato» esclamò il capitano. «Io adesso temo per te. Quella cosa che tu vedi spuntare dalle acque e che ci segue, non è una cosa. Quello è un colombre. È il pesce che i marinai sopra tutti temono, in ogni mare del mondo. È uno squalo tremendo e misterioso, più astuto dell'uomo. Per motivi che forse nessuno saprà mai, sceglie la sua vittima, e quando l'ha scelta la insegue per anni e anni, per una intera vita, finché è riuscito a divorarla. E lo strano è questo: che nessuno riesce a scorgerlo se non la vittima stessa e le persone del suo stesso sangue.» «Non è una favola?» «No. Io non l'avevo mai visto. Ma dalle descrizioni che ho sentito fare tante volte, l'ho subito riconosciuto. Quel muso da bisonte, quella bocca che continuamente si apre e chiude, quei denti terribili. Stefano, non c'è dubbio, purtroppo, il colombre ha scelto te e finché tu andrai per mare non ti darà pace. Ascoltami: ora noi torniamo subito a terra, tu sbarcherai e non ti staccherai mai più dalla riva, per nessuna ragione al mondo. Me lo devi promettere. Il mestiere del mare non è per te, figliolo. Devi rassegnarti. Del resto, anche a terra potrai fare fortuna.» Ciò detto, fece immediatamente invertire la rotta, rientrò in porto e, col pretesto di un improvviso

1 Coperta: ponte superiore di un'imbarcazione.
2 Poppa: parte posteriore di un'imbarcazione.
3 Giardinetto: parte della nave vicina alla poppa.
4 Plancia: ponte di comando della nave.

malessere, sbarcò il figliolo. Quindi ripartì senza di lui. Profondamente turbato, il ragazzo restò sulla riva finché l'ultimo picco dell'alberatura[5] sprofondò dietro l'orizzonte. Di là dal molo che chiudeva il porto, il mare restò completamente deserto. Ma, aguzzando gli sguardi, Stefano riuscì a scorgere un puntino nero che affiorava a intermittenza dalle acque: il "suo" colombre, che incrociava lentamente su e giù, ostinato ad aspettarlo. Da allora il ragazzo con ogni espediente fu distolto dal desiderio del mare. Il padre lo mandò a studiare in una città dell'interno, lontana centinaia di chilometri. E per qualche tempo, distratto dal nuovo ambiente, Stefano non pensò più al mostro marino. Tuttavia, per le vacanze estive, tornò a casa e per prima cosa, appena ebbe un minuto libero, si affrettò a raggiungere l'estremità del molo, per una specie di controllo, benché in fondo lo ritenesse superfluo. Dopo tanto tempo, il colombre, ammesso anche che tutta la storia narratagli dal padre fosse vera, aveva certo rinunciato all'assedio. Ma Stefano rimase là, attonito, col cuore che gli batteva. A distanza di due-trecento metri dal molo, nell'aperto mare, il sinistro pesce andava su e giù, lentamente, ogni tanto sollevando il muso dall'acqua e volgendolo a terra, quasi con ansia guardasse se Stefano Roi finalmente veniva. Così, l'idea di quella creatura nemica che lo aspettava giorno e notte divenne per Stefano una segreta ossessione. E anche nella lontana città gli capitava di svegliarsi in piena notte con inquietudine. Egli era al sicuro, sì, centinaia di chilometri lo separavano dal colombre. Eppure egli sapeva che, di là dalle montagne, di là dai boschi, di là dalle pianure, lo squalo era ad aspettarlo. E, si fosse egli trasferito pure nel più remoto continente, ancora il colombre si sarebbe appostato nello specchio di mare più vicino, con l'inesorabile ostinazione che hanno gli strumenti del fato.

(Da: Dino Buzzati, *Il colombre*, Oscar Mondadori, Milano, 1992)

---

5 Picco dell'alberatura: parte alta dell'insieme degli alberi di un veliero.

A1. **Qual è il desiderio di Stefano per il suo futuro?**

A. ☐ Scoprire nuovi mondi
B. ☐ Diventare un bravo marinaio
C. ☐ Andare per mare e diventare capitano
D. ☐ Conoscere la fauna marina

A2. **Che tipo di imbarcazione ha il padre di Stefano? Rintraccia l'informazione nel testo e scrivila nello spazio sottostante.**

____

A3. **Che regalo chiede Stefano al padre per il suo dodicesimo compleanno?**

A. ☐ L'autorizzazione a frequentare un corso di vela
B. ☐ Di essere portato a bordo per vedere strani pesci
C. ☐ Di essere portato a bordo
D. ☐ Un binocolo

A4. Da quale congiunzione NON potrebbe essere sostituito il "Benché"? (Riga 10).

A. ☐ Sebbene
B. ☐ Affinché
C. ☐ Malgrado
D. ☐ Quantunque

A5. Quando Stefano e il padre avvistano il colombre?

A. ☐ In una splendida giornata di sole con il mare tranquillo
B. ☐ In un giornata soleggiata ma con molto vento
C. ☐ In un giorno di mare agitato
D. ☐ All'alba di una bella giornata con il mare calmo

A6. Dove si trova Stefano quando avvista il colombre?

A. ☐ Sulla nave a prua
B. ☐ Sul molo
C. ☐ Nei pressi dell'albero maestro
D. ☐ Sulla nave a poppa

A7. Come viene descritto il colombre dal padre di Stefano? Individua quali informazioni si rintracciano nel testo e quali non si rintracciano.

Informazioni	Si rintraccia	Non si rintraccia
a. È un'orca.		
b. Ha il muso da bisonte.		
c. È munito di terribili denti.		
d. È lungo più di dieci metri.		
e. Nuota molto velocemente.		
f. Apre e chiude continuamente la bocca.		

A8. Secondo il racconto del padre, il colombre è una creatura che sembra avere uno strano atteggiamento nei confronti dell'uomo. Indica se le seguenti affermazioni sono vere o false.

Affermazioni	Vero	Falso
a. È temuto da tutti i marinai.		
b. Ha salvato dal naufragio numerosi equipaggi.		
c. Si rende visibile solo alle sue vittime.		
d. Sceglie la sua vittima e aspetta che si tuffi in acqua.		
e. Divora le sue vittime.		

A9. Quanti anni ha il padre di Stefano al momento dell'avvistamento del colombre? Rintraccia l'informazione nel testo e scrivila nello spazio sottostante.

____

A10. Che tipo di reazione ha il padre di Stefano quando riconosce il colombre?

A. ☐ Impallidisce
B. ☐ Piange
C. ☐ Avvisa gli altri marinai
D. ☐ Dà l'ordine di buttare l'ancora

A11. Dopo averlo sbarcato, il padre di Stefano si fa promettere dal figlio di:

A. ☐ tornare in mare solo se ben armato
B. ☐ non comprare mai un'imbarcazione
C. ☐ non staccarsi mai più dalla terraferma
D. ☐ studiare a fondo quello strano animale

A12. Dopo l'incontro con il colombre, il padre cerca di proteggere il figlio: in quale modo?

A. ☐ Convincendolo a distogliere il pensiero dall'animale
B. ☐ Lo manda a studiare in una città dell'interno molto lontana
C. ☐ Lo invita a passare meno tempo possibile nelle vicinanze della costa
D. ☐ Inducendolo a pensare che quella vicenda è stata solamente un brutto sogno

A13. Alle righe 38 e 39 compare l'espressione il "suo" colombre. Perché l'autore ha scelto di porre l'aggettivo "suo" tra virgolette?

A. ☐ Per mettere in evidenza il significato particolare di quella parola
B. ☐ Per porre maggiore attenzione sul colombre
C. ☐ Per spaventare il lettore
D. ☐ Per introdurre una citazione

A14. Quando Stefano rivede il colombre?

A. ☐ Durante le vacanze estive
B. ☐ Una sera d'estate
C. ☐ Dopo vari anni dalla sua partenza
D. ☐ Dopo qualche tempo dal primo avvistamento

A15. Alla riga 46 si dice che "Stefano rimase là, attonito". Quale potrebbe essere un sinonimo di *attonito*?

A. ☐ Curioso
B. ☐ Stupefatto
C. ☐ Terrorizzato
D. ☐ Interessato

A16. **Cosa diventa per Stefano il colombre?**

A. ☐ Un pensiero da scacciare a tutti i costi
B. ☐ Una strana ma rassicurante presenza
C. ☐ Un gioco
D. ☐ Un'ossessione

A17. **Come definiresti il colombre?**

A. ☐ Un animale ormai estinto
B. ☐ Una specie in via d'estinzione
C. ☐ Un animale immaginario
D. ☐ Un animale che si avvista raramente

A18. **Chi è il narratore di questa vicenda?**

A. ☐ Stefano
B. ☐ Un marinaio della nave
C. ☐ Un narratore esterno
D. ☐ Il padre di Stefano

A19. **Alla riga 55 si parla di "fato", cioè?**

A. ☐ Male
B. ☐ Destino
C. ☐ Oscurità
D. ☐ Fantasma

A20. **Dopo aver letto il brano, cosa ne pensi della scelta dell'autore di intitolarlo "colombre"? Questo nome dà l'idea di:**

A. ☐ allegria
B. ☐ spensieratezza
C. ☐ terrore
D. ☐ mistero

Testo B (testo descrittivo)

Adolescenza e alcol: effetti e cattive abitudini

L'adolescenza: una delicata età di passaggio

L'adolescenza è un periodo di grandi sconvolgimenti ormonali, fisici ed emotivi, di passaggio dall'essere bambini al mondo degli adulti, e proprio in questo periodo della vita per ragazzi e ragazze è fondamentale essere parte di un gruppo e dunque sposare tutte le scelte e le mode che "il gruppo" impone, anche quelle che poi così corrette o così sane non sono. E tra le mode, o meglio cattive abitudini, diffuse tra i nostri adolescenti vi è l'eccessivo consumo di alcol, il cui potenziale pericolo viene valutato solo, purtroppo con rammarico, nel corso di un evento drammatico o degli anni quando ci si rende conto dei danni che questa sostanza ha creato al proprio corpo.

Effetti dell'abuso di sostanze alcoliche sull'organismo

L'etanolo è una sostanza che induce dipendenza e, pur essendo un nutriente capace di fornire energia, il suo abuso può indurre malnutrizione perché interferisce con l'assunzione e la biodisponibilità di altri nutrienti importanti. Dopo l'assunzione viene assorbito nel tratto gastroenterico e viene poi metabolizzato nel fegato in *acetaldeide*, sostanza molto tossica per il nostro organismo. **L'eccessivo consumo di alcol ha effetti dannosi su molti organi e tessuti**, primo tra tutti lo stesso fegato, dove si manifesta in forma di *steatosi alcolica*, cioè fegato grasso causato dall'alcol; ma anche esofago e stomaco sono coinvolti, con la comparsa di *esofagite*[1] e *gastrite*[2], sia acute che croniche. L'alcol determina inoltre una sensazione di calore, e di conseguenza una vasodilatazione[3]; in ambienti freddi può perciò avvenire una perdita di calore da parte del corpo, che, non essendo avvertita, può portare a ipotermia, cioè al raffreddamento eccessivo: questa è la ragione per cui spesso avviene che, d'inverno, degli ubriachi, resi incoscienti dall'ebbrezza alcolica, finiscano per morire di freddo per strada, poiché non avvertono la perdita di calore. Sul sistema cardiovascolare, poi, **una cronica assunzione di alcol può indurre ipertensione arteriosa[4] e cardiomiopatia[5]**. Ancora, meno frequentemente della steatosi epatica, ma pur presente, può insorgere una *pancreatite*[6], malattia spesso mortale e comunque sempre gravissima. Tra gli effetti sul sistema nervoso centrale[7], oltre quelli acuti, vi sono la *sindrome di Wernicke-Korsakoff*, una forma di demenza[8], l'*atrofia cerebellare*, che causa instabilità e imprecisione nei movimenti, e la *polineuropatia*[9]. Perfino a carico dell'osso è stata descritta una malattia da alcol, in forma di osteoporosi[10].

---

1 Esofagite: infiammazione dell'esofago.
2 Gastrite: infiammazione dello stomaco.
3 Vasodilatazione: aumento di volume dei vasi sanguigni.
4 Ipertensione arteriosa: eccesso di pressione sanguigna.
5 Cardiomiopatia: malattia che colpisce il muscolo cardiaco (cuore).
6 Pancreatite: processo infiammatorio a carico del pancreas.
7 Sistema nervoso centrale: parte del sistema nervoso dell'organismo composta da cervello e midollo spinale.
8 Demenza: decadimento grave e irreversibile delle facoltà mentali.
9 Polineuropatia: malattia diffusa dei nervi periferici.
10 Osteoporosi: processo di indebolimento delle ossa.

Chi sono i consumatori?

Se fino a qualche anno fa queste patologie riguardavano il povero emarginato che vive per strada o il depresso cronico, oggi esse sono presenti – al pari dell'abuso di alcol – in tutti i ceti sociali e purtroppo iniziano a vedersi anche tra quei piccoli uomini e donne in divenire che sono gli adolescenti, e che sono ancor più vulnerabili degli adulti agli effetti psichici e organici dell'alcol. Una indagine del 2011 dell'ISTAT[11] ha verificato che **è cresciuto fortemente il consumo di alcolici fuori pasto da parte dei giovani**, passando da un 15,5% nel 2001 al 18,8% nel 2011 nella fascia d'età compresa tra 14 e 17 anni, il che tradotto in numeri significa che circa 14 milioni di individui di 14 anni e più consumano giornalmente bevande alcoliche.

Emulazione e mode da evitare

Non bastasse questo, ormai non solo più all'estero ma anche in Italia si è andata diffondendo l'abitudine – "moda" la chiamano spesso i giornali, ma è mortale! – tra i giovani e giovanissimi di **bere per sballarsi o ubriacarsi.** Quest'abitudine, presente sia tra i ragazzi che tra le ragazze, si associa spesso al *binge drinking* (analogo al disturbo di condotta alimentare noto come *binge eating*, o alimentazione compulsiva), cioè il bere compulsivamente dai sei o più bicchieri di alcolici e/o superalcolici in meno di due ore, spesso senza mangiare nulla. Questo disturbo è stato sicuramente favorito dalla **moda dilagante dell'happy hour**, un'ora intera, o a volte più tempo, durante la quale i giovani si incontrano e possono bere alcolici spesso a un prezzo scontato. Occorre ricordare che, benché in alcune regioni sia la famiglia stessa ad abituare precocemente al consumo di alcol, l'alcol non è un nutriente essenziale e l'OMS[12] raccomanda l'astensione totale da esso fino a 15 anni. Sicuramente in questi comportamenti di gruppo **l'emulazione gioca un ruolo fondamentale**, come ha dimostrato una ricerca che ha valutato la maggior assunzione di alcolici tra gli abituali fruitori di film nei quali nelle più svariate occasioni di vita gli attori consumavano bevande alcoliche o come la già citata ricerca ISTAT che dimostra una maggiore diffusione del binge drinking tra gli assidui frequentatori delle discoteche. Si può pensare che il fenomeno interessi soprattutto i ragazzi, ma anche **una buona percentuale di ragazze ha iniziato a bere in compagnia**, spesso aumentandosi l'età, e la cui motivazione è la ricerca di un rapporto migliore con gli altri, rapporto che a quanto pare senza l'annullamento dei freni inibitori dato dall'alcol non riescono ad avere, sia per insicurezza che per incapacità di mostrarsi simpatici e "all'altezza", ma che iniziano a bere anche per essere più disinibite (ma lo stesso vale per i maschi) nell'approccio con un eventuale partner, approccio che evidentemente attrae e terrorizza allo stesso tempo.

Il ruolo degli adulti

È dunque **indispensabile scoraggiare lo "sballo" dei nostri ragazzi**, e questo va fatto anche spiegando loro a quali conseguenze a breve e a lungo termine vanno incontro, ma è altrettanto indispensabile cercare di prevenirlo: in tal senso occorre evitare sia

---

11 ISTAT: Istituto Nazionale di Statistica, ente pubblico italiano che si occupa di censimenti e indagini sociali ed economiche.

12 OMS: Organizzazione mondiale della sanità, agenzia speciale dell'ONU.

l'incoraggiamento ai bambini da parte di genitori, nonni ecc. ad assumere bevande alcoliche se non a partire da una certa età, in quantità minima ed esclusivamente in occasione di eventi di particolare importanza, che un atteggiamento troppo rigido da parte dei genitori nei confronti dell'alcol in genere, atteggiamento che può diventare per l'adolescente un invito al consumo per quella ribellione e voglia di sovvertire le regole proprie dell'età.

Dott.ssa Assunta Martina Caiazzo, Medico Specialista in Scienza dell'Alimentazione

(Rielaborato e adattato da alimentazionebambini.e-coop.it/stili-di-vita/adolescenza-e-alcol-effetti-e-cattive-abitudini/)

B1. Durante l'adolescenza è fondamentale per ragazzi e ragazze:

A. ☐ dare prova di indipendenza
B. ☐ essere parte di un gruppo
C. ☐ assumere comportamenti pericolosi
D. ☐ vestire sempre alla moda

B2. Rileggendo la riga 7 noterai che si parla di "rammarico": quale parola potrebbe esserne sinonimo?

A. ☐ Tristezza
B. ☐ Attenzione
C. ☐ Entusiasmo
D. ☐ Dispiacere

B3. Quale sostanza può indurre dipendenza e malnutrizione? Rintraccia l'informazione nel testo e scrivila nello spazio sottostante.

____

B4. L'*acetaldeide* è:

A. ☐ una sostanza molto tossica all'organismo prodotta dal fegato
B. ☐ una sostanza che cura la dipendenza da alcolici
C. ☐ una malattia del fegato
D. ☐ una sostanza tossica presente nel fegato durante l'adolescenza

B5. Alle righe 22-23 si parla di "<u>cronica</u> assunzione di alcol": quale potrebbe essere il <u>contrario</u> dell'aggettivo sottolineato?

A. ☐ Benefica
B. ☐ Occasionale
C. ☐ Persistente
D. ☐ Inesistente

B6. Quali organi e apparati risentono maggiormente dell'abuso di alcol? Indica le risposte esatte (SÌ) e quelle sbagliate (NO).

	Sì	No
a. Fegato		
b. Tessuto epiteliale		
c. Esofago		
d. Stomaco		
e. Intestino		
f. Sistema cardiovascolare		

B7. **Per quale motivo gli ubriachi in stato d'incoscienza rischiano di morire di ipotermia durante l'inverno?**

A. ☐ Perché l'alcol produce sonnolenza
B. ☐ Perché non avvertono la perdita di calore
C. ☐ Perché l'alcol tende a raffreddare progressivamente l'organismo
D. ☐ Perché soffrono di varie malattie

B8. **Quali sono le malattie a carico del sistema nervoso centrale? Rintraccia le informazioni nel testo e scrivile nello spazio sottostante.**

____

B9. **Quale tra queste espressioni è un possibile sinonimo dell'avverbio "compulsivamente" (riga 43)?**

A. ☐ Con calma
B. ☐ Allegramente
C. ☐ In solitudine
D. ☐ In modo ossessivo

B10. **Secondo le informazioni contenute nel testo, gli adolescenti sono:**

A. ☐ meno vulnerabili degli adulti agli effetti psichici e organici dell'alcol
B. ☐ vulnerabili come gli adulti
C. ☐ più vulnerabili degli adulti agli effetti psichici e organici dell'alcol
D. ☐ più vulnerabili rispetto al passato

B11. **Rileggi attentamente il paragrafo "Chi sono i consumatori?" e metti una crocetta dove ritieni opportuno, indicando se le affermazioni sono vere o false.**

Affermazioni	Vero	Falso
a. È cresciuto il consumo di alcolici fuori pasto da parte dei giovani.		
b. Il 18,8% dei giovani tra i 14 e i 17 anni non beve alcolici.		
c. 14 milioni di individui si sono ammalati per l'abuso di alcolici.		
d. L'indagine ISTAT ha preso in considerazione il periodo 2001-2011.		

B12. **Che cosa s'intende con "binge drinking"? Rintraccia le informazioni nel testo e scrivile nello spazio sottostante.**

____

____

B13. **Una delle conclusioni della ricerca ISTAT consiste nel fatto che:**

A. ☐ il binge drinking è più diffuso tra gli assidui frequentatori delle discoteche
B. ☐ la moda dell'happy hour è un fenomeno italiano
C. ☐ il binge drinking è un fenomeno passeggero
D. ☐ non c'è correlazione tra il binge drinking e l'assidua frequentazione delle discoteche

B14. **Che cosa raccomanda l'OMS?**

A. ☐ L'uso moderato di alcolici per tutti gli adolescenti
B. ☐ Un controllo sanitario frequente per tutti i bevitori
C. ☐ L'astensione totale dall'alcol fino a 15 anni
D. ☐ L'astensione dai superalcolici fino a 15 anni

B15. **Dopo aver riletto rapidamente il brano collega in modo opportuno la colonna CAUSA con quella EFFETTO.**

Causa	Effetto
a. ☐ È fondamentale fare parte di un gruppo	1. Vasodilatazione
b. ☐ L'alcol provoca sensazione di calore	2. Bisogna seguire le mode e le abitudini
c. ☐ Emulazione	3. Possibile invito al consumo di alcolici da parte dell'adolescente per sovvertire le regole
d. ☐ Abuso di alcolici	4. Migliore educazione all'assunzione di alcolici da parte degli adolescenti
e. ☐ Atteggiamento troppo rigido da parte dei genitori sul tema degli alcolici	5. Aumento dell'assunzione di alcolici (ad es. negli spettatori di film)
f. ☐ Evitare di incoraggiare i bambini fin da piccoli all'assunzione di alcolici	6. Annullamento dei freni inibitori, migliore approccio con i coetanei

B16. **Com'è possibile scoraggiare lo sballo da parte dei genitori?**

A. ☐ Assumendo atteggiamenti intransigenti
B. ☐ Minimizzando il problema
C. ☐ Spiegandone le conseguenze a breve e a lungo termine
D. ☐ Evitando un confronto su questo tema

B17. **Come definiresti la finalità di questo testo?**

A. ☐ Narrativa
B. ☐ Descrittiva/informativa
C. ☐ Argomentativa
D. ☐ Comica

B18. **Come definiresti il lessico utilizzato nel testo? Completa la seguente tabella.**

	Sì	No
a. Colloquiale		
b. Difficile, a tratti poco comprensibile		
c. Semplice e diretto		
d. Scientifico		

Testo C (testo regolativo)

Come preparare dei deliziosi biscotti vegani al cocco e cioccolato

Tempo di preparazione: 1 h circa

Chi ha detto che i vegani sono tristi perché non possono mangiare nulla? Chiunque l'abbia detto, o anche solo pensato, evidentemente non ha ancora assaggiato questi deliziosi biscotti vegani con cocco e cioccolato: io li ho provati per curiosità, ma da quella volta tutta la mia famiglia mi supplica di prepararli ancora, perché erano venuti davvero buonissimi! Vuoi provare anche tu questa ricetta dei biscotti vegani con cocco e cioccolato? Vedrai, è facilissimo e il risultato da leccarsi i baffi!

Specifiche:

- Tempo di preparazione: 25 minuti
- Tempo di cottura: 15 minuti
- Difficoltà: facile

Ingredienti:

Per l'impasto

- 130 g di farina
- 20 g di cacao
- 70 g di zucchero di canna
- 70 g di acqua
- 50 g di olio di semi di mais
- 8 g di lievito per dolci
- 30 g di farina di cocco
- 80 g di gocce di cioccolato

Per la decorazione

- 40 g di cioccolato fondente
- farina di cocco

Occorrente:

- ciotola capiente
- mestolo di legno
- pellicola trasparente
- teglia da forno
- carta da forno
- pistola sparabiscotti[1]
- pentolino

1 Pistola sparabiscotti: utensile da cucina utile nella realizzazione di glasse e biscotti di vari formati, ottenuti in maniera molto rapida.

Preparazione dei biscotti vegani con cioccolato e cocco

Per preparare questi buonissimi biscotti vegani, devi prima di tutto lavorare l'acqua, lo zucchero di canna e l'olio in una ciotola capiente, quindi aggiungere la farina, il cacao e il lievito (tutti setacciati) e continuare a mescolare fino a ottenere un composto omogeneo.

A questo punto aggiungi anche la farina di cocco e le gocce di cioccolato: mescola bene, in modo da amalgamare tutti gli ingredienti ed evitare che le gocce di cioccolato si accumulino solo in una parte dell'impasto. Se utilizzi la pistola sparabiscotti (se non ne hai ancora una e ti piace preparare i biscotti, ti consiglio di procurartela perché non ha costi eccessivi ed è di una comodità unica!), forma una palla con l'impasto e avvolgila nella pellicola trasparente, quindi mettila in frigorifero a riposare per almeno mezz'ora. In questo modo eviterai di avere un impasto troppo molle e appiccicoso. Se invece non hai una pistola sparabiscotti, puoi evitare di far riposare la pasta e formare direttamente sulla teglia da forno delle palline che poi andrai ad appiattire (in modo che prendano la forma di biscotti). A questo punto non ti rimane che infornare i tuoi biscotti vegani: falli cuocere in forno ventilato a 180° per 15 minuti. Una volta che saranno pronti, lasciali raffreddare e nel frattempo fai sciogliere il cioccolato fondente in un pentolino a bagnomaria[2], quindi utilizzalo per guarnire la superficie dei tuoi biscotti vegani. Per dare infine un ultimo tocco, spolverizzali con la farina di cocco e servili. Questi biscotti vegani con farina di cocco e gocce di cioccolato sono veramente squisiti e faranno impazzire tutti! Provali e fammi sapere come sono venuti: sono sicura che saranno un vero successone!

(Testo riveduto da www.tortadimele.it/ricette-dolci-veloci/come-preparare-dei-deliziosi-biscotti-vegani-al-cocco-e-cioccolato/)

2 A bagnomaria: procedura di riscaldamento o cottura di vivande in un recipiente non a contatto con il fuoco ma immerso in acqua mantenuta alla temperatura desiderata.

C1. Molte persone affermano che "i vegani sono tristi perché non possono mangiare nulla". Cosa ne pensa l'autore?

A. ☐ La pensa nello stesso modo
B. ☐ Ritiene che solo i dolci vegani siano deliziosi
C. ☐ Ritiene che i vegani siano sempre allegri
D. ☐ Non è d'accordo

C2. Perché l'autore ha deciso di provare questa ricetta?

A. ☐ Perché è vegano
B. ☐ Per curiosità
C. ☐ Per stupire gli ospiti a cena
D. ☐ Perché è un cuoco

C3. **L'espressione "da leccarsi i baffi" (riga 7) trae origine dal mondo animale e potrebbe essere sostituita con:**

A. ☐ insipido
B. ☐ buono
C. ☐ davvero squisito
D. ☐ dolcissimo

C4. **Secondo quanto è scritto nel testo, la ricetta presenta un livello di difficoltà di realizzazione:**

A. ☐ basso
B. ☐ alto
C. ☐ medio
D. ☐ non definibile con precisione

C5. **Rileggi con attenzione il paragrafo "Ingredienti": quali affermazioni sono vere e quali false? Metti una crocetta dove ritieni opportuno.**

Affermazioni	Vero	Falso
a. Si possono utilizzare tutti i tipi di olio.		
b. Per la decorazione serve cioccolato al latte.		
c. La farina di cocco è presente sia nell'impasto che nella decorazione.		
d. La ricetta non prevede l'utilizzo di acqua.		
e. Per l'impasto serve più farina di cocco che farina "normale".		
f. È previsto l'utilizzo di zucchero di canna.		

C6. **Nel paragrafo "Occorrente" si dice che è necessaria una ciotola capiente, cioè:**

A. ☐ resistente al calore
B. ☐ ampia, larga
C. ☐ robusta
D. ☐ tondeggiante

C7. **Nel paragrafo "Occorrente" sono elencati tutti gli oggetti utili alla realizzazione della ricetta. Dopo aver letto il paragrafo "Preparazione dei biscotti vegani con cioccolato e cocco" sapresti dire quali di questi oggetti non sono adatti all'uso nel forno? Rintraccia l'informazione nel testo e scrivila nello spazio sottostante.**

____

C8. **Rileggi il paragrafo "Preparazione dei biscotti vegani con cioccolato e cocco" con particolare attenzione a quanto si dice in merito all'utilizzo (o al mancato utilizzo) della pistola sparabiscotti. Cosa cambia nelle fasi di lavorazione?**

	Con pistola sparabiscotti	Senza pistola sparabiscotti
a. Formare una palla con l'impasto.		
b. Non è necessario riporre l'impasto in frigorifero.		
c. Chiudere l'impasto nella pellicola trasparente.		
d. Formare palline direttamente nella teglia.		
e. Riporre l'impasto in frigorifero.		
f. Appiattire le palline fino a ottenere la forma di biscotti.		

C9. **Alle righe 35-36 si raccomanda di "aggiungere la farina, il cacao e il lievito (tutti setacciati). Cosa significa "setacciati"? Quale definizione si addice al verbo "setacciare"?**

A. ☐ Far passare un fluido attraverso un mezzo permeabile capace di trattenere eventuali particelle solide contenute in sospensione

B. ☐ Impastare varie sostanze fino a ottenere una composizione omogenea

C. ☐ Cuocere a fuoco lento carni, dolci o altre vivande

D. ☐ Far passare attraverso un setaccio una sostanza granulosa o polverulenta (di consistenza polverosa) per separare le parti più sottili da quelle più grosse

C10. **Alle righe 37-38 si dice "mescola bene, <u>in modo da</u> amalgamare tutti gli ingredienti". La locuzione sottolineata rispetto a "mescola bene" ha la funzione di introdurre:**

A. ☐ una causa

B. ☐ una conseguenza/una finalità

C. ☐ un'ipotesi

D. ☐ una possibilità

C11. **Quale voce verbale potrebbe sostituire "guarnire" (riga 48)?**

A. ☐ Addolcire

B. ☐ Rendere liscia

C. ☐ Farcire

D. ☐ Decorare

C12. **All'inizio del testo si dice che il tempo di preparazione della ricetta è pari a un'ora circa ma nelle "Specifiche" risulta essere di soli 40 minuti (Tempo di preparazione: 25 minuti + tempo di cottura: 15 minuti). Come spiegare questa differenza? La risposta sta nel paragrafo "Preparazione dei biscotti vegani con cioccolato e cocco". Rintraccia l'informazione nel testo e scrivila nello spazio sottostante.**

____

C13. **Cosa ne pensa l'autore della pistola sparabiscotti?**

A. ☐ La ritiene utile ma non particolarmente economica
B. ☒ Consiglia di procurarsene una
C. ☐ La ritiene poco costosa ma difficile da usare
D. ☐ Consiglia di acquistarne una ma di tipo professionale

C14. **Dopo aver riletto con attenzione il paragrafo "Preparazione dei biscotti vegani con cioccolato e cocco", disponi nel giusto ordine le fasi di preparazione del piatto, numerandole da 1 a 8. Per aiutarti abbiamo inserito due numeri.**

1 Lavorare l'acqua, lo zucchero di canna e l'olio in una ciotola capiente.
2 Aggiungere la farina, il cacao e il lievito e continuare a mescolare.
3 __________
4 __________
5 __________
6 __________
7 __________
8 __________

C15. **La finalità del testo è:**

A. ☐ divertire
B. ☐ convincere il lettore
C. ☐ dare istruzioni e precise modalità operative
D. ☐ informare

C16. **Come definiresti lo stile comunicativo utilizzato dall'autore?**

A. ☐ Ordinato
B. ☐ Diretto, a tratti colloquiale
C. ☐ Semplice
D. ☐ Formale

LESSICO

D1. **Scegli il corretto sinonimo tra le parole proposte.**

A. **ermetico** vuoto sigillato fresco

B. **viscoso** pallido liscio misterioso viscido

D2. **Scrivi la parola che corrisponde alla definizione.**

Esempio: ripiano appoggiato su sostegni: (nome che comincia con la m) ____________

gara di corsa sulla distanza di 42,195 Km: (nome che comincia con la m) ____________

D3. **Completa le frasi con le parole adatte, scegliendo tra le due proposte in corsivo.**

A. ☐ In campo l'arbitro deve mostrare un comportamento (*autorevole/autoritario*).

B. ☐ Gianni si è rivelato una persona (*sociale/socievole*).

C. ☐ Alcune invenzioni di Leonardo da Vinci sono assai (*ingegnose/geniali*).

D. ☐ La pentola a pressione produce vapore (*acquoso/acqueo*)

D4. **Collega la colonna di sinistra alla definizione della colonna di destra.**

a. odontoiatria
b. geologia
c. enologia
d. pneumologia
e. ostetricia
f. filologia

1. disciplina che si occupa della ricostruzione e interpretazione dei documenti letterari.
2. disciplina che si occupa della donna durante la gravidanza e il parto.
3. studia le malattie dei polmoni.
4. disciplina relativa alla produzione e conservazione del vino.
5. scienza che studia l'evoluzione della crosta terrestre.
6. studia le malattie dei denti.

D5. **Ti proponiamo alcune frasi in cui la parola sottolineata può essere usata in senso proprio o figurato. Metti una croce dove ritieni opportuno.**

		Senso proprio	Senso figurato
a.	1. quella canzone mi fa venire la pelle <u>d'oca</u>.		
	2. il paté è fatto con il fegato <u>d'oca</u>.		
b.	1. con il cuore del carciofo si realizzano deliziose ricette.		
	2. il cuore è il muscolo più importante del corpo umano.		
c.	1. l'alta marea è un fenomeno naturale molto evidente in alcune zone dell'Europa.		
	2. questa settimana ho una marea di impegni.		

RIFLESSIONE SULLA LINGUA

E1. **"In alta montagna è necessario proteggersi dal freddo intenso". La frase sottolineata è:**

A. ☐ oggettiva
B. ☐ principale
C. ☐ soggettiva
D. ☐ finale

E2. **Quanti avverbi sono presenti nel seguente periodo? Individuali e ricopiali accanto alla risposta giusta.**

"Ieri abbiamo sistemato bene i bagagli nell'auto e siamo partiti presto per non finire bloccati nel traffico."

A. ☐ Tre ______________________
B. ☐ Quattro ______________________
C. ☐ Due ______________________
D. ☐ Cinque ______________________

E3. **Nella frase "Secondo me, ti stai comportando bene", le parole sottolineate costituiscono:**

A. ☐ complemento di limitazione
B. ☐ complemento di stima
C. ☐ complemento di fine
D. ☐ complemento di modo

E4. **La forma del congiuntivo presente, seconda persona plurale del verbo "vincere" è:**

A. ☐ vincereste
B. ☐ vincerete
C. ☐ vinciate
D. ☐ vincete

E5. **Leggi attentamente gli aggettivi scritti di seguito e completa la tabella inserendo il grado comparativo e superlativo assoluto di questi aggettivi con forme speciali.**

ottimo / inferiore / peggiore / massimo / minore / pessimo / migliore
infimo / maggiore / minimo

	Grado positivo	Grado comparativo	Grado superlativo assoluto
a.	buono		
b.	basso		
c.	cattivo		
d.	grande		
e.	piccolo		

E6. **Quale tra questi è un nome collettivo?**

A. ☐ Ferri
B. ☐ Flotta
C. ☐ Ragazzi
D. ☐ Quadrifoglio

E7. **L'esercizio propone quattro periodi ipotetici: a quale tipo appartengono? Metti una crocetta dove ritieni opportuno.**

Periodo ipotetico	Realtà	Possibilità	Irrealtà
a. Se guidasse più lentamente, osserverei meglio il panorama.			
b. Se ti piace, giochiamo a carte.			
c. Se fossi nato nel Medioevo, avrei visto tornei tra cavalieri.			
d. Se Luca non fosse così veloce, potrei raggiungerlo.			

E8. **In quale delle seguenti frasi il verbo "essere" non costituisce predicato nominale?**

A. ☐ Il cane di Marco è molto vivace.
B. ☐ Sarebbe bello divertirsi tutti insieme.
C. ☐ La festa di compleanno di Anna è stata fantastica.
D. ☐ Che meraviglia, c'è il sole!

Il mio risultato:

Prova di comprensione del testo A ____/20
Prova di comprensione del testo B ____/18
Prova di comprensione del testo C ____/16
Lessico ____/5
Prova sulle conoscenze grammaticali ____/8
Punteggio totale ____/67

Ho trovato la prova:

☐ Difficile
☐ Più semplice di quanto pensassi
☐ Adeguata alle mie aspettative e capacità
☐ Altro ____________________

Testo A (testo narrativo)

Miù: storia di anoressia e di bulimia

Sono una ragazza di quasi 18 anni. Il mio disturbo alimentare è iniziato all'incirca quattro anni fa. Fin da piccola sono stata una bambina «in carne», «cicciottella», così mi definiva la mia famiglia. L'ho sempre presa come uno scherzo, fino a quando iniziarono i primi confronti con mia sorella e le mie cugine, che sono sempre state molto magre. Nessuno mi considerava se non per farmi delle osservazioni sul mio aspetto fisico, e allora cominciai a mangiare non più per il piacere di farlo, ma per essere considerata.

A 14 anni tutto cambia, il mondo delle superiori, i confronti con l'altro sesso e anche con le altre ragazze mi facevano sentire a disagio. Le osservazioni da parte della mia famiglia non facevano che peggiorare il mio stato d'animo. Così, senza accorgermene, iniziai semplicemente con una dieta «fai da te» e ben presto cominciai ad avere i primi sintomi dell'anoressia, ma all'inizio non pensavo che la situazione potesse arrivare a questo punto.

Nel frattempo cominciai a entrare in un meccanismo distorto perché vivevo solo per la scuola e lo studio. Dovevo sempre essere brava e perfetta, un dovere verso me stessa che mi imponevo, dovevo dimostrare agli altri che valevo qualcosa, soprattutto ai miei genitori.

Con il passare del tempo mi allontanai dalle amicizie, mi rinchiusi in casa per studiare e si fecero sentire i sintomi della malattia. Cominciai a ridurre drasticamente il cibo, buttavo la merenda, dicevo a mia madre di aver mangiato a scuola per arrivare a sera con lo stomaco vuoto e davanti ai miei genitori mangiavo qualcosa così che non si accorgessero di niente.

Dopo qualche tempo incominciai a sentirmi diversa, a scuola ero sempre distratta, le ore di studio erano diventate il doppio a causa della difficoltà a concentrarmi: questo mi mandò ancora più in crisi. Dopo vari svenimenti e la preoccupazione dei professori, iniziai ad aprirmi e mi indirizzarono in un centro per disturbi alimentari. Non penso che allora fossi consapevole del reale problema; decisi di farmi seguire più per accontentare gli altri, per non farli preoccupare. Naturalmente, i miei genitori cominciarono a controllarmi maggiormente. Da lì iniziò il periodo più brutto: la bulimia. Dovevo in qualche modo eliminare quello che mangiavo e poi c'era il problema dello studio: non potevo permettermi di dimagrire troppo, quindi entrai nel meccanismo delle abbuffate. Nel mio voler essere prima in tutto non mi rendevo conto che stavo cadendo sempre più in basso, sempre più giù nel buio.

Quando iniziai a rendermi conto che tutto intorno a me stava precipitando, iniziai a prendere coscienza di ciò che mi stava succedendo. Il periodo più buio forse mi ha portata per la prima volta ad accendere una luce su di me, a capirmi davvero. Ciò che oggi mi porta a essere ancora qui è la mia consapevolezza nei confronti della malattia. Io dovevo far vedere a tutti che stavo male. Urlare il mio dolore attraverso il mio corpo era, credo, l'unico modo. Volevo essere invisibile, scomparire, ma anche urlare al mondo la mia sofferenza. Io avevo tutto, ma in realtà non avevo niente. Tutti mi dicevano che avevo tutto, che ero bravissima a scuola, una bella ragazza con potenzialità, ma in realtà io non avevo bisogno di quel tipo di soddisfazioni. Avevo bisogno di attenzioni, di amore.

Volevo essere amata non per quello che facevo, ma per quello che ero, con i miei difetti, le mie paure, le mie insicurezze. Se fossi stata meno brava, mi avrebbero amata di meno?

Avevo paura che diversamente non mi avrebbero accettata. Fin da piccola mi sono sempre arrangiata, crescevo nel silenzio e nei sensi di colpa e questo mi ha portata a stare male. Con il tempo ho deciso da sola di chiedere aiuto, ma un vero aiuto questa volta. Durante questo cammino ho incontrato persone stupende che mi hanno aiutata ad arrivare al punto in cui sono adesso. Una via d'uscita c'è sempre, basta volerlo davvero.

(Riduzione e adattamento da www.fidadisturbualimentari.com, 15 novembre 2013)

A1. Quando è iniziato il disturbo alimentare di Miù?

A. ☐ A 18 anni
B. ☐ A 14 anni
C. ☐ A 4 anni
D. ☐ Non è precisato

A2. Chi da piccola era molto magra?

A. ☐ Miù
B. ☐ La sorella
C. ☐ I genitori
D. ☐ I compagni di classe

A3. Cosa significa che Miù da piccola era "in carne, cicciottella"? Trova un sinonimo adeguato.

A4. Che cosa faceva sentire a disagio Miù?

A. ☐ L'età
B. ☐ Il confronto coi genitori
C. ☐ Il confronto con l'altro sesso e le compagne
D. ☐ La scuola

A5. Cosa significa "dieta fai da te"?

A6. I genitori di Miù si accorgevano di qualcosa?

A. ☐ No, perché Miù li ingannava e mangiava qualcosa davanti a loro per non insospettirli
B. ☐ Sì, perché Miù li ingannava
C. ☐ Forse sì, ma facevano finta di niente
D. ☐ Nel testo non ci sono elementi per rispondere

A7. Dove fu indirizzata Miù dagli insegnanti?

A8. **Perché le ore di studio di Miù erano aumentate?**

A. ☐ Perché non riusciva a concentrarsi
B. ☐ Perché la scuola era diventata più difficile
C. ☐ Perché era in crisi
D. ☐ Perché sveniva

A9. **Perché Miù ha deciso di farsi seguire?**

A. ☐ Perché è diventata consapevole del suo problema
B. ☐ Per non far preoccupare gli altri
C. ☐ Perché i suoi genitori la controllavano maggiormente
D. ☐ Perché voleva dimagrire

A10. **Quando Miù iniziò a rendersi conto di cosa le stava capitando?**

____

A11. **Quali di queste affermazioni sono vere e quali false?**

Affermazioni	Vero	Falso
a. Il periodo più buio ha portato Miù a capirsi.		
b. Oggi Miù è consapevole della malattia.		
c. Miù non voleva far sapere al mondo la sua sofferenza.		
d. Miù aveva bisogno di sentirsi dire che era bravissima a scuola e bella.		
e. Miù voleva essere amata non per quello che faceva, ma per quello che era.		

A12. **Qual è il messaggio conclusivo che ci lascia Miù?**

____

Testo B (testo argomentativo)

Ragazzi col cellulare in mano: vantaggi e svantaggi

Fino a qualche anno fa i bambini chiedevano giocattoli e per i genitori dire sì o no era relativamente semplice. I problemi sorgevano dopo, quando intorno ai quattordici anni cominciavano a chiedere il motorino e solo da questo momento in poi iniziavano le dispute sugli acquisti tra genitori e figli. Le cose ora si sono complicate e soprattutto i problemi anticipati! A sette-otto anni i piccoli già iniziano a chiedere il cellulare. In casa lo posseggono tutti, compresi i fratelli più grandi per i quali è uno strumento "indispensabile", e anche fuori casa magari lo invidiano ai compagni di scuola o di palestra.

Ma è giusto che un bimbo così piccolo ne abbia già uno tutto suo?

Per rispondere possiamo considerare i pro e i contro: quelli che anche i genitori generalmente adducono per giustificare o meno l'acquisto.

Un primo dato di fatto è che il cellulare ai bambini non serve. È vero, potrebbe essere utile per i genitori per tenerli meglio sotto controllo. O per lo meno questa è la motivazione che a volte adducono le mamme e i papà sostenitori della tesi del sì. Tenerli sotto controllo rispetto a che cosa però, ci domandiamo. Un bambino non dovrebbe andare in giro da solo. Se, invece, resta a casa da solo, a risolvere il problema della reperibilità è il telefono fisso. Potrebbe servire per tenere i contatti con i bambini che vanno in vacanza da soli. Ma in questo caso sarebbe sufficiente contattare direttamente la struttura che li accoglie per risolvere il problema e avere, comunque, la situazione sotto controllo.

I sostenitori del no adducono altri validi motivi. Primo fra tutti che il bambino non sarebbe in grado di gestirlo (lo farebbe squillare in classe, in palestra, la sera mentre dorme). O ancora che il telefonino nuoce alla salute e, con tutto quello che già i bambini sono costretti a subire che danneggia la loro salute (smog, inquinamento, fumo di sigarette, alimenti geneticamente modificati), non sembra proprio il caso di aggiungere qualcos'altro che, peraltro, già abbiamo visto, non è necessario.

Inoltre il problema sarebbe: a quale età permetterlo?

Ogni genitore dovrebbe sapere che cosa è meglio per suo figlio. Certamente i bambini non dovrebbero avere tutto quello che il mercato getta in pasto ai consumatori facendo credere loro che è indispensabile, utile, facilmente raggiungibile. Il cellulare oggi è un oggetto di massa, come la televisione, il telefono fisso, la lavatrice.

Ma non è un giocattolo (e anche molti adulti dovrebbero rendersi conto di questo fatto fondamentale). Di conseguenza, andrebbe acquistato solo se serve, appunto come il telefono fisso o la lavatrice. Soprattutto se a utilizzarlo dovrà essere il bambino. Non c'è nessun vero motivo per cui i piccoli non dovrebbero possedere un cellulare. Ma non c'è neppure nessun motivo per cui dovrebbero possederne uno.

E quindi, perché comprarglielo? Per arricchire i produttori? Perché è difficile dire di no? Per non farli sentire esclusi? Ma se nessun genitore comprasse il telefonino al proprio bambino nessun altro bimbo si sentirebbe escluso!

(Adattato da Rossella Giglio, in www.donna.nanopress.it)

B1. **Di che cosa si parla in questo testo?**

____

B2. **In base al testo che hai letto quali affermazioni sono vere e quali false?**

Affermazioni	Vero	Falso
a. I bambini tempo fa a 7-8 anni iniziavano a chiedere il motorino.		
b. Una volta le dispute tra genitori e figli iniziavano verso i 14 anni.		
c. In casa tutti posseggono il cellulare, anche i fratelli più piccoli.		
d. I bambini invidiano il cellulare ai compagni di scuola o palestra.		
e. I fratelli più grandi considerano il cellulare uno strumento indispensabile.		

B3. **A chi non serve il cellulare?**

A. ☐ Ai bambini
B. ☐ Ai fratelli più grandi
C. ☐ Ai genitori
D. ☐ A nessuno

B4. **In base al testo che hai letto quali sono i pro e i contro all'uso del cellulare da parte dei bambini?**

Affermazioni	Pro	Contro
a. I genitori possono tenere meglio sotto controllo i figli.		
b. Il telefonino nuoce alla salute.		
c. Tenere i contatti coi bambini che vanno in vacanza da soli.		
d. Un bambino in casa da solo può essere raggiunto col telefono fisso.		
e. Si può contattare l'adulto che è col bambino per parlare con lui.		

B5. **L'articolo fornisce più spunti per il pro o per il contro?**

____

B6. **Come sono definiti nel testo "il cellulare, la televisione, il telefono fisso, la lavatrice"?**

A. ☐ Beni
B. ☐ Elettrodomestici
C. ☐ Oggetti di massa
D. ☐ Apparecchi

B7. **Secondo il testo, alcuni genitori per cosa scambiano il cellulare?**

____

B8. **Quando andrebbe acquistato il cellulare?**

A. ☐ Quando il bambino lo chiede
B. ☐ Quando serve
C. ☐ Quando ce l'hanno i compagni
D. ☐ Quando il mercato lo suggerisce

B9. **Nel testo vengono date indicazioni precise ai genitori?**

A. ☐ Sì, dettate dal buon senso
B. ☐ No, è bene fare ciò che fanno tutti per non fare sentire i propri figli diversi
C. ☐ Sì, si deve seguire la legge del mercato
D. ☐ No, perché ogni genitore dovrebbe sapere cosa è bene per suo figlio

B10. **A quale conclusione si giunge nel testo?**

____

____

Testo C (testo non continuo)

Il pedone (art. 190)

Il pedone è l'utente della strada che si sposta a piedi. A lui sono riservati i margini rialzati della strada detti marciapiedi, o altri spazi opportunamente protetti.

Comportamento dei pedoni (art. 190)

1. Il pedone deve circolare sul marciapiede o sugli altri spazi predisposti (banchina, viali). Se questi mancano, deve circolare contromano, cioè sul margine della carreggiata opposto al senso di marcia dei veicoli.

2. Il pedone deve attraversare la carreggiata servendosi delle strisce pedonali. Se le strisce distano più di 100 m, il pedone deve attraversare in senso perpendicolare, con l'attenzione necessaria per evitare situazioni di pericolo.

3. È vietato al pedone attraversare diagonalmente gli incroci o gli slarghi.

4. È vietato al pedone sostare o indugiare sulla carreggiata. È anche vietato sostare in gruppo sul marciapiede o presso le zebre pedonali, causando intralcio agli altri pedoni.

5. Il pedone che si accinge ad attraversare in zona sprovvista di strisce pedonali deve dare la precedenza ai veicoli.

6. È vietato al pedone attraversare davanti agli autobus in sosta alle fermate.

7. I bambini che usano piccole biciclette devono circolare sul marciapiede.

8. È vietato l'uso di pattini a rotelle, skate-board e monopattini sulla carreggiata delle strade.

9. L'uso dei suddetti acceleratori di andatura è vietato anche sul marciapiede perché possono creare situazioni di pericolo per gli altri utenti.

10. Chi viola le disposizioni del presente articolo è soggetto alla sanzione amministrativa del pagamento di una somma da € 24 a € 94.

Se manca il marciapiede, bisogna camminare contromano (190/1)

Se mancano le strisce pedonali, il pedone deve dare la precedenza (190/5)

Non attraversare fuori dalle strisce pedonali (190/2)

Non attraversare davanti agli autobus e ai tram in sosta alle fermate (190/6)

Non attraversare diagonalmente incroci o slarghi (190/3)

I bambini in bicicletta non devono circolare giù dal marciapiede (190/7)

Non sostare in gruppo sul marciapiede o sulle strisce pedonali (190/4)

Non usare pattini, skateboard e monopattini sulla carreggiata (190/8)

Comportamento dei conducenti nei confronti dei pedoni (art. 191)

1. Si deve dare la precedenza ai pedoni che transitano sulle strisce pedonali, rallentando o all'occorrenza fermandosi. Quando si svolta in un'altra strada al cui ingresso c'è la zebra pedonale, dare la precedenza ai pedoni che transitano sulla medesima.

2. Nelle strade senza zebre il conducente deve consentire al pedone, che abbia già iniziato l'attraversamento, di raggiungere il lato opposto in condizioni di sicurezza.

3. Bisogna fermarsi quando si accinge ad attraversare la strada una persona invalida, o su carrozzella, o munita di bastone bianco, o accompagnata dal cane guida, o comunque riconoscibile.

4. Chi viola le disposizioni è soggetto a una multa da € 154 a € 613.

Precedenza ai pedoni sulle strisce quando si svolta (191/1)

C1. **Come viene definito il "pedone"?**

____

C2. **Cosa deve fare un pedone quando mancano i marciapiedi?**

A. ☐ Non può circolare
B. ☐ Deve circolare nel senso di marcia dei veicoli
C. ☐ Deve circolare sul prato fuori dalla carreggiata
D. ☐ Deve circolare nel senso opposto a quello di marcia dei veicoli

C3. **Attraversare diagonalmente gli incroci o gli slarghi:**

A. ☐ è possibile, ma bisogna fare attenzione
B. ☐ è vietato
C. ☐ è possibile, ma la precedenza è dei veicoli
D. ☐ è possibile e si ha la precedenza

C4. **Quali di queste affermazioni sono vere e quali false?**

Affermazioni	Vero	Falso
a. I bambini in bicicletta devono circolare giù dal marciapiede.		
b. Pattini e skate-board non si possono usare sul marciapiede, ma sulla carreggiata.		
c. Non si deve sostare in gruppo sul marciapiede o sulle strisce pedonali.		
d. Bisogna fermarsi in ogni caso quando ad attraversare è una persona invalida, o su carrozzella, o munita di bastone bianco.		
e. Il pedone che si accinge ad attraversare in zona sprovvista di strisce pedonali deve dare la precedenza ai veicoli.		

C5. A quale multa è soggetto il pedone che viola le leggi?

A. ☐ Da € 154 a € 613
B. ☐ Da € 24 a € 94
C. ☐ Da € 24 a € 613
D. ☐ Da € 94 a € 154

C6. L'affermazione "Un pedone non può sostare sulle strisce o sul marciapiede":

A. ☐ è falsa
B. ☐ è vera
C. ☐ dipende
D. ☐ nel testo non ci sono gli elementi necessari per rispondere

C7. Attraversare fuori dalle strisce:

A. ☐ è sempre possibile
B. ☐ non è mai possibile
C. ☐ è possibile solo di giorno
D. ☐ è possibile se le strisce distano più di 100 m

C8. Che cosa accade a un pedone che viola le leggi?

____

C9. Quando con l'auto si svolta in un'altra strada al cui ingresso c'è la zebra pedonale:

A. ☐ si ha la precedenza
B. ☐ si deve dare la precedenza ai pedoni sulle strisce
C. ☐ si deve dare la precedenza solo ai pedoni che arrivano da destra
D. ☐ ci si deve fermare in ogni caso

C10. Che cosa si intende per acceleratori di andatura:

A. ☐ pattini e skate-board
B. ☐ biciclette
C. ☐ motocicli
D. ☐ automobili

C11. In generale che cosa si deve fare con un pedone sulle strisce?

____

C12. È possibile correre sul marciapiede?

A. ☐ Non se ne parla
B. ☐ Sì
C. ☐ No
D. ☐ Solo sulla destra

LESSICO

D1. **Nelle frasi che seguono manca la stessa parola, usata con significati di volta in volta diversi. Scrivi la parola mancante nelle caselle corrispondenti.**

Esempio:

Al telegiornale hanno trasmesso un interessante ________ sul tema del surriscaldamento globale.

Il ________ da tè in mostra al museo è molto antico.

1. I trattori hanno cominciato ad arare il ________ di prima mattina.
2. In questa stanza proprio non c'è ________ , pertanto sarà difficile che tu riesca a telefonare.
3. Nel ________ della moda gli stilisti italiani sono tra i più affermati.

Parola corretta: ________

D2. **Trova la parola derivata che corrisponde alla definizione.**

Esempio:

Fatto di legno ligneo

A. Venditore di giornali ________

B. Addetto alla distribuzione della posta ________

C. Giorno di festa ________

D. Macchina che impasta il pane ________

D3. **Sottolinea i falsi alterati presenti nel seguente elenco.**

casupola – libraccio – tacchino – gattino – mattone – robaccia – nasello – coltellaccio – porticciolo – borsetta

D4. **Scegli la parola contraria corretta tra quelle proposte.**

A. obsoleto

stabile attuale antico

B. glabro

peloso instancabile deserto

D5. **Disponi in ordine di intensità crescente i termini di ogni lista, come indicato nell'esempio.**

Esempio: grande, enorme, smisurato

A. euforico, allegro, soddisfatto

____

B. loquace, laconico, silenzioso

____

D6. **Nelle seguenti frasi alcuni termini o espressioni sono utilizzati in senso figurato, mentre altre volte in senso letterale: metti una crocetta dove ritieni opportuno.**

	Senso letterale	Senso figurato
a. Il patè di fegato è apprezzato soprattutto nella stagione invernale.		
b. Quel ragazzo ha davvero molto fegato!		
c. Nelle regioni a clima monsonico non sono rari episodi di bombe d'acqua.		
d. Ancora oggi si trovano numerose bombe inesplose risalenti alla Seconda guerra mondiale.		

D7. **Risolvi il seguente cruciverba ponendo attenzione alle lettere già presenti nello schema. Se avrai fatto tutto in modo corretto, in verticale apparirà una parola molto comune in ambito scolastico.**

1. È il contrario di velocità.
2. Si oppone al protagonista.
3. È il contrario della parola "svantaggio".
4. Nome collettivo che descrive un bosco di abeti.
5. Lo sono anche quelle del tavolo.
6. È il nome femminile corrispondente al nome "genero".
7. Nome derivato che descrive il periodo precedente un conflitto.

1.											
2.											
3.											
4.											
5.											
6.											
7.											

D8. **Leggi la voce che segue, tratta da un dizionario.**

> ***struzzo*** [strùz-zo] s.m. Uccello appartenente all'ordine degli Struzioniformi, di grandi dimensioni, con zampe molto lunghe e robuste che gli consentono di spostarsi velocemente di corsa, essendo incapace di volare; ha grosse piume e penne, usate un tempo come ornamento di cappelli e vestiti; è diffuso soprattutto in Africa: ventaglio di piume di s. ||s. d'America o americano, nandù ||fig. avere uno stomaco di s., riuscire a digerire qualunque cosa, con riferimento alla nota abitudine di questo uccello di inghiottire voracemente qualsiasi cosa gli capiti | fare la politica dello s., fare come lo s., fingere di ignorare una situazione invece di affrontarla, con riferimento alla credenza che l'uccello, in caso di pericolo, nasconda la testa nella sabbia.
> [ETIM] lat. tardo nom. strùthio, gr. strouthíōn da strouthós "struzzo"
> sec. XIII

Utilizzando le informazioni che puoi ricavare dalla voce del dizionario, oltre che le tue personali conoscenze grammaticali, indica se le seguenti affermazioni sono vere o false. Metti una crocetta per ogni riga.

Informazioni	Vero	Falso
a. È un nome maschile che al plurale esce regolarmente in -i.		
b. Essendo un nome, può essere seguito da un articolo.		
c. È un termine entrato in uso dopo l'anno Mille.		
d. La rapidità dello struzzo nella corsa compensa la sua impossibilità di volare.		
e. Le sue penne sono oggi molto richieste nell'industria dell'abbigliamento.		

RIFLESSIONE SULLA LINGUA

E1. **Quale di queste parole contiene un dittongo (sequenza di due vocali appartenenti alla stessa sillaba)?**

A. ☐ Farmacia
B. ☐ Paura
C. ☐ Siamese
D. ☐ Maestra

E2. **In quale delle seguenti frasi la parola "vicino" ha funzione di aggettivo?**

A. ☐ Vicino a noi abita il sindaco della città.
B. ☐ Siediti qui vicino, così parliamo meglio.
C. ☐ Il mio vicino di casa è ripartito stanotte.
D. ☐ Il commissariato più vicino è alla stazione.

E3. **Il futuro semplice può avere funzioni diverse. Nelle frasi che seguono indica quale funzione ha il futuro.**

	Esprime un comando	Esprime un'ipotesi	Esprime una concessione	Esprime un'azione futura
a. Domani partirò per Milano.				
b. Saranno quasi le 13.00: è ora di andare a pranzo.				
c. Sarà anche carina, ma si dà troppe arie.				
d. Si informa la cittadinanza che nei giorni di mercato l'accesso alla piazza sarà tassativamente vietato alle auto.				
e. Domenica i nonni festeggeranno le nozze d'oro.				

E4. **Nelle frasi che seguono individua se il pronome "che" ha funzione di soggetto oppure di complemento oggetto. Metti una crocetta per ogni riga.**

	Funzione di soggetto	Funzione di complemento oggetto
a. La ragazza che hai visto al bar è mia cugina.		
b. Il Danubio è il fiume che attraversa Bratislava.		
c. L'ultimo libro che ho letto mi è piaciuto molto.		
d. È la presenza di acqua che rende possibile la vita sulla Terra.		
e. Il libro che si trova sul tavolo è un manuale di grammatica.		

E5. **In ciascuna delle seguenti frasi è presente un predicativo del soggetto o un predicativo dell'oggetto. Per ognuna di esse scrivi nella colonna giusta il predicativo. Osserva l'esempio.**

	Predicativo del soggetto	Predicativo dell'oggetto
Esempio: Marco è stato eletto capoclasse.		
a. La notizia lo ha reso molto triste.		
b. I cittadini hanno scelto Alberto come sindaco.		
c. Francesca viveva sola in una grande casa.		
d. Dopo la partita i giocatori sembravano molto stanchi.		
e. Gli amici hanno visto Luigi veramente felice per il magnifico regalo ricevuto.		

E6. **In quale delle seguenti frasi "mentre" ha valore avversativo e non temporale?**

A. ☐ Mentre vado a scuola incontro sempre il mio vicino con il cane.
B. ☐ Stai sbagliando: ti lamenti mentre dovresti essere contento.
C. ☐ Ce la fai a riordinare la stanza mentre io vado a fare la spesa?
D. ☐ Il lupo arrivò mentre Cappuccetto Rosso stava raccogliendo fiori nel bosco.

E7. **In quale di queste frasi è presente sia una coordinata che una subordinata?**

A. ☐ Carlo oggi si è arrabbiato e ha detto che non giocherà più nella sua squadra.
B. ☐ Luisa ha chiesto a sua figlia di non uscire, poiché sta piovendo a dirotto.
C. ☐ Mario ha giocato la partita con la febbre e, alla fine, è caduto a terra stremato.
D. ☐ A causa del maltempo molti comuni sono isolati nel ravennate e sono state chiuse le scuole.

Il mio risultato:

Prova di comprensione del testo A	____/12
Prova di comprensione del testo B	____/10
Prova di comprensione del testo C	____/12
Lessico	____/8
Prova sulle conoscenze grammaticali	____/7
Punteggio totale	____/49

Ho trovato la prova:

☐ Difficile
☐ Più semplice di quanto pensassi
☐ Adeguata alle mie aspettative e capacità
☐ Altro ____________________

Testo A (testo narrativo)

L'incontro col mostro

Fu uno spasso lottare in acqua con papà. Io lo attaccavo alle spalle, cercavo di montargli sulla schiena, ma lui mi sollevava e mi faceva volare cinque metri più in là. Più divertente che tuffarsi dal trampolino. Dalla pancia non si direbbe, ma mio padre va in palestra e ha due braccia che sembrano due tronchi d'albero.

Alla fine tornammo a sdraiarci sugli asciugamani. Esausti. Mi sembrava di aver attraversato a nuoto tutto lo stretto di Messina... Era quasi mezzogiorno, ormai. Il sole era caldissimo. Ci asciugò in un attimo.

«A Trapani, Giovanni[1] incontrò per la prima volta il nemico che avrebbe combattuto per tutta la vita. Un mostro feroce, spietato, quasi impossibile da battere perché enorme e senza volto.»

«Un mostro?» domandai.

Papà si mise a sedere. Avevo la netta impressione che la storia fosse arrivata a un punto molto importante.

«Te lo spiego con un esempio. Prendiamo la tua classe: quanti siete?»

«Ventisette.»

«Bene. La tua classe è una piccola città di ventisette abitanti, guidata dalla maestra, che detta le regole, dice cosa bisogna fare, dà buoni voti a chi fa bene i compiti, punisce chi arriva in ritardo o non si comporta bene. Tutte le classi hanno una maestra, che dipende dal preside. Giusto? È lui che ha la responsabilità di tutta la scuola, deve mantenere l'ordine e curarsi che le lezioni si svolgano in modo corretto. Quindi, riassumendo: presidi e maestre hanno il compito di far rispettare la legge. Chiaro?»

«Chiaro.»

«Mettiamo il caso che un giorno uno studente, chiamiamolo Tonio, si presenta da te e ti ordina: "Dammi i soldi che hai in tasca". Non è giusto. Quei soldi sono tuoi, è la tua mancia e tra l'altro ti serve per comprare le figurine dei calciatori. Allora tu vai dalla maestra per farti difendere. La maestra ne dice quattro a Tonio. Tonio ci riprova. Tu torni dalla maestra. La maestra porta Tonio dal preside che lo sospende per una settimana dalla scuola. È stata applicata la legge e tu sei stato difeso giustamente. Chiaro?»

Cominciavo a capire il senso di quella strana giornata al mare...

«Chiaro» risposi.

«Mettiamo invece che tu non vada dalla maestra, ma, spaventato dal coltellino di Tonio, gli dia i tuoi cinque euro. E tutti i tuoi compagni di classe fanno lo stesso. Tutti, tranne uno, che chiamiamo Simone. Lui non ha paura, non paga, ma un giorno Tonio, che è più grande e più forte, gli lega le stringhe delle scarpe, lo spinge giù dalle scale e Simone si rompe un braccio. Tonio dovrebbe essere punito, ma la maestra non può farlo perché non ha visto la scena e chi l'ha vista sta zitto per paura. Così Tonio può continuare a mettersi in tasca soldi non suoi.

---

1 Giovanni Falcone, magistrato che si è distinto nella lotta alla mafia. Morì a causa di un attentato mafioso il 23 maggio 1992.

Il risultato è che nella tua classe ora esistono due leggi: quella giusta, della maestra e del preside, l'unica che dovrebbe valere; e quella di Tonio, illegale, la legge del più forte. Avrai già sentito la parola mafia.»

«Sì, papà. »

(Da: L. Garlando, *Per questo mi chiamo Giovanni*)

A1. La narrazione inizia con:

A. ☐ la descrizione del padre fatta dal figlio
B. ☐ la descrizione di un luogo
C. ☐ il racconto di giochi in mare tra padre e figlio
D. ☐ un discorso del padre al figlio

A2. Il figlio descrive le braccia del padre paragonandole a elementi della natura. Rintraccia l'informazione nel testo e scrivila nello spazio sottostante.

____

A3. Alla riga 5 si trova "*Esausti*": quale potrebbe essere un sinonimo di questo aggettivo?

A. ☐ Sfiniti
B. ☐ Affaticati
C. ☐ Energici
D. ☐ Rilassati

A4. Dove si svolge l'azione? Sono riportati un paio di nomi di località geografiche riconducibili a una precisa regione italiana. Completa lo schema indicando questi due luoghi e infine la regione di appartenenza.

	Località	Regione
a.		
b.		

A5. Quando inizia il racconto dell'incontro col mostro?

A. ☐ In un caldo pomeriggio
B. ☐ Dopo un bagno serale
C. ☐ Circa a mezzogiorno
D. ☐ Di mattina

A6. Per far capire come agisce il mostro all'interno della società, il padre introduce un esempio che il figlio può ben comprendere: quale?

A. ☐ Una storia di tifo violento allo stadio
B. ☐ Il racconto di prepotenze subite durante la sua infanzia
C. ☐ Un episodio di cronaca criminale
D. ☐ Un episodio di vita scolastica

A7. **Il padre rivolge domande semplici e dirette al figlio e, di tanto in tanto, chiede: "Chiaro?" (Righe 20 e 27). In un altro punto dice: "Quindi, riassumendo..." (riga 19). Per quale motivo utilizza questo stile comunicativo?**

A. ☐ Perché è un padre autoritario
B. ☐ Perché vuole essere sicuro che il figlio lo segua nel ragionamento
C. ☐ Perché il figlio si distrae spesso
D. ☐ Perché il figlio mostra segni di incomprensione

A8. **Completa la seguente tabella riempiendo gli spazi vuoti, come suggeriscono gli esempi.**

	A scuola	Fuori dalla scuola (società civile)
a.	classe	
b.	maestra	
c.	preside	
d.	tonio	
e.	compagni di classe	
f.	Simone	

A9. **Cosa chiede Tonio ai compagni?**

A. ☐ Figurine dei calciatori
B. ☐ Merende
C. ☐ Soldi
D. ☐ Favori

A10. **Dopo la richiesta di Tonio ai compagni, il padre mostra al figlio due possibili "scenari" con diverse conseguenze. Completa la seguente tabella riempiendo gli spazi vuoti.**

		Conseguenza
"Scenario 1"	Il figlio si rivolge alla maestra denunciando più volte l'atteggiamento di Tonio.	Tonio è ripreso prima verbalmente, poi è sospeso dal preside per una settimana: la legge è applicata, il figlio è stato difeso giustamente.
"Scenario 2"	Il figlio non si rivolge alla maestra e cede alle richieste di Tonio (così anche i compagni di classe).	Tonio continua a comportarsi da prepotente. Simone si oppone e viene spinto giù dalle scale. La maestra non ha visto e chi ha visto non parla. Tonio continua con il suo comportamento. Esistono due leggi: quella della maestra (legale) e quella di Tonio (illegale).

A11. **Quale strumento utilizza Tonio per minacciare i compagni? Rintraccia l'informazione nel testo e scrivila nello spazio sottostante.**

____

A12. **Come fa Tonio a provocare la rottura del braccio di Simone?**

A. ☐ Lo percuote violentemente
B. ☐ Gli lega le stringhe delle scarpe e lo spinge giù dalle scale
C. ☐ Lo spinge giù dalle scale
D. ☐ Gli lega le stringhe delle scarpe, lo fa cadere e poi lo percuote

A13. **Perché la maestra non può prendere provvedimenti dopo la caduta di Simone?**

A. ☐ Perché Simone non ha detto nulla alla maestra
B. ☐ Perché nessuno ha visto
C. ☐ Perché nessuno ha denunciato l'accaduto, pur avendo visto
D. ☐ Perché l'episodio è accaduto fuori dalla scuola

A14. **Alla righe 35-36 si dice "Il risultato è che nella tua classe ora esistono due leggi". Cosa significa questa affermazione? Di quali leggi si tratta? Rintraccia l'informazione nel testo e scrivila nello spazio sottostante.**

____

____

A15. **Come definiresti la vicenda narrata dal padre?**

A. ☐ Realmente accaduta
B. ☐ Verosimile
C. ☐ Fantasiosa
D. ☐ Irreale

A16. **Come si chiama il mostro di cui si parla all'inizio del testo?**

A. ☐ Mafia
B. ☐ Legge del più furbo
C. ☐ Prepotenza
D. ☐ Illegalità

Testo B (testo non continuo)

Meno carbone, più anidride carbonica

L'uso del carbone cala negli Stati Uniti e in Europa, ma maggiori consumi di gas e di petrolio fanno aumentare le emissioni di anidride carbonica.

Anche il 2019 sarà un anno record per le emissioni di **anidride carbonica**. Spinti dall'aumento del consumo di **gas naturale** (il cui principale componente è il **metano**) e **petrolio**, i livelli di CO_2 emessi in atmosfera raggiungeranno, entro la fine dell'anno, i 37 miliardi di tonnellate. Lo mette in evidenza il Global Carbon Budget 2019, una complessa analisi coordinata da Rob Jackson (Stanford University) i cui risultati sono stati delineati in tre lavori pubblicati su Earth Science Data, Environmental Research Letters e Nature Climate Change.

Sebbene il tasso di crescita delle emissioni sia più lento rispetto al biennio 2017-18, i ricercatori sono dell'idea che le emissioni potrebbero aumentare fino al 2030 a meno che le politiche nazionali in materia di energia, trasporti e industria non cambino radicalmente. Volendo guardare al lato positivo della situazione c'è da sottolineare che il 2019 vede una crescita di emissioni di CO_2 dello 0,6 per cento rispetto al 2018, ossia di molto inferiore rispetto alla crescita del 2018 sul 2017 e del 2017 sull'anno precedente, che furono rispettivamente del 2,1 e dell'1,5 per cento.

Nonostante alcuni Paesi abbiano fatto notevoli progressi nella riduzione delle emissioni complessive, le **emissioni pro capite** rimangono comunque elevate: come *media globale*, ogni persona sul pianeta è responsabile di 4,8 tonnellate l'anno di emissioni di CO_2; nei soli Stati Uniti, la media è di oltre tre volte e mezzo l'anno a persona. E se da un lato vi sono storie di successo, come quelle dell'Unione Europea, dove le emissioni sono diminuite dell'1 per cento circa all'anno, dall'altro vi sono Paesi come la Cina, dove le emissioni pro capite di anidride carbonica sono notevolmente cresciute, fino ad avvicinarsi a quelle attuali dell'Unione Europea.

MENO CARBONE. Fino al 2018, circa il 40 per cento delle emissioni globali di anidride carbonica era attribuibile al carbone (sfruttato in particolare per la produzione di energia elettrica), il 34 per cento al petrolio, il 20 per cento al gas naturale e il rimanente 6 per cento alla produzione di cemento e ad altre fonti. Oggi, sebbene le emissioni annuali globali di CO_2 stiano diminuendo (lentamente) in molte regioni industrializzate, compresi gli Stati Uniti, dove sono scese dell'1,7 per cento rispetto al 2018, in molti altri Paesi stanno ancora crescendo. Tra questi vi è la Cina, dove quest'anno si dovrebbe registrare un aumento del 2,6 per cento. [...]

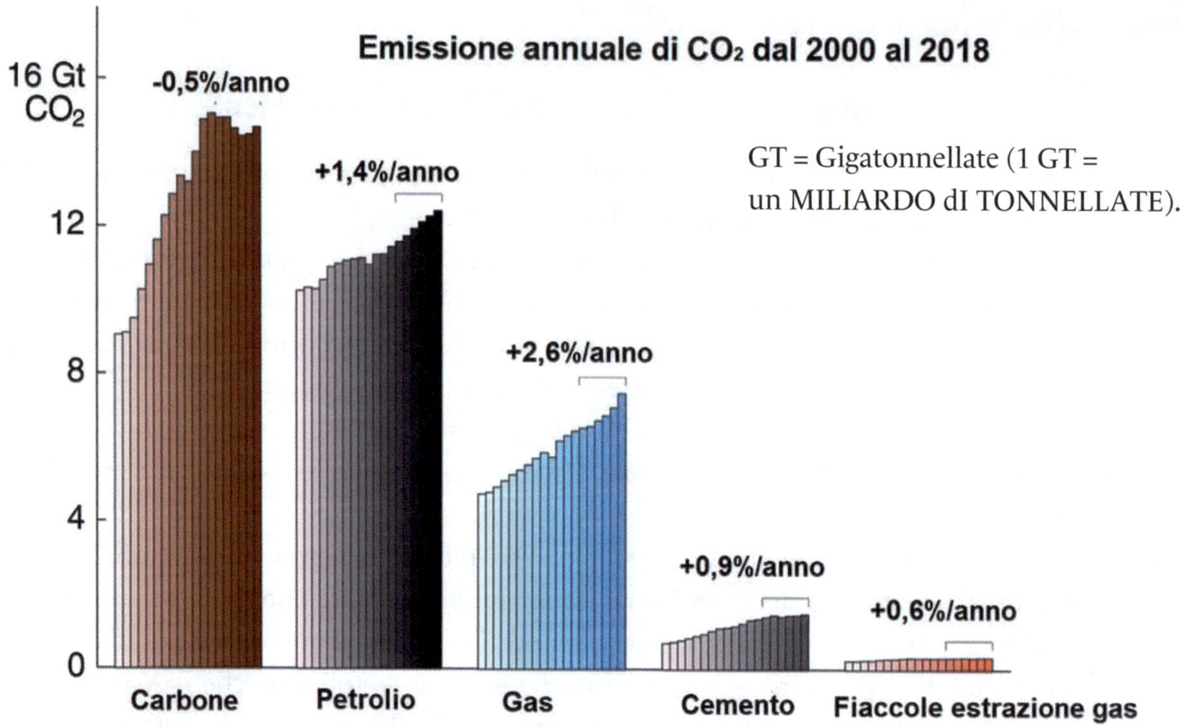

Infografiche: trend delle emissioni annuali di CO_2 dal 2000 al 2018 per fonte energetica. | Global Carbon Project / L.Bignami

GAS E PETROLIO. Il gas naturale è considerato da molti come un "combustibile ponte": meno inquinante degli altri combustibili fossili e titolato a sostenere un'economia di passaggio verso alternative energetiche non inquinanti. In effetti è vero che produce significativamente meno emissioni di biossido di carbonio rispetto al petrolio o al carbone, ma è anche vero che il suo maggior uso, legato soprattutto a un minor prezzo, ha prodotto nel 2019 un aumento del 2,6% delle emissioni di anidride carbonica rispetto al 2018. Complessivamente, l'aumento dell'uso di gas naturale rappresenta il 60% della crescita delle emissioni fossili negli ultimi anni.

In generale, le disparità nell'uso del petrolio sono ancora molto vistose: negli Stati Uniti, per esempio, ogni persona ne consuma 16 volte di più che in India e sei volte di più che in Cina. Ed è facile capire perché: negli Stati Uniti vi è un veicolo a motore per persona, ma ve ne è uno solo ogni 40 persone in India e ogni 6 in Cina. Un tasso di proprietà automobilistica simile a quello degli USA in Cina o in India metterebbe in circolazione un miliardo di auto nuove in entrambi i Paesi.

LA DECARBONIZZAZIONE È POSSIBILE? Per controbilanciare l'aumento delle emissioni, i ricercatori chiedono politiche nazionali più forti e impegni globali per accelerare sugli obiettivi di efficienza energetica, di riduzione dei consumi di energia, di diffusione dei veicoli elettrici, di perfezionamento delle tecnologie per la cattura e lo stoccaggio del carbonio e di sostituzione dei combustibili fossili con fonti rinnovabili...

«Una ventina di Paesi nel mondo hanno trovato il modo di espandere le loro economie negli ultimi dieci anni riducendo allo stesso tempo le loro emissioni globali di anidride carbonica», sostiene Jackson, facendo riferimento ai dati del Global Carbon Budget 2019: «se è stato possibile a Paesi come il Regno Unito e la Danimarca, è possibile anche a molti altri.»

(Adattato da https://www.focus.it/comportamento/economia/meno-carbone-piu-anidride-carbonica)

B1. **Il 2019 è stato l'anno record per la produzione di anidride carbonica. Quali fattori hanno contribuito più di tutti a questo risultato?**

A. ☐ La crescita economica della Cina
B. ☐ L'estrazione di metano
C. ☐ La produzione di cemento
D. ☐ Il consumo di gas naturale e petrolio

B2. **Alla riga 5, "CO_2" identifica un particolare gas: quale?**

A. ☐ Metano
B. ☐ Anidride carbonica
C. ☐ Gas naturale
D. ☐ Anidride solforosa

B3. **Secondo gli esperti, le emissioni aumenteranno fino al 2030: quali politiche potrebbero rallentarne in modo significativo la corsa?**

A. ☐ Politiche sul consumo responsabile del suolo
B. ☐ Politiche in materia di energia, trasporti e industria
C. ☐ Sensibilizzazione dell'opinione pubblica
D. ☐ Politiche di incentivazione all'uso dei mezzi di trasporto ecologici

B4. **La crescita di emissioni del biennio 2018-2019, rispetto al biennio 2017-2018, è stata:**

1. ☐ più lenta
2. ☐ più veloce
3. ☐ pressoché stabile
4. ☐ molto più veloce

B5. **Cosa significa l'espressione "emissioni <u>pro capite</u>"? (Riga 18).**

A. ☐ Per singolo paese
B. ☐ Per consumatore
C. ☐ Per famiglia
D. ☐ A testa (per persona)

B6. **Osserva il grafico e leggi con attenzione il paragrafo "MENO CARBONE". Indica quali affermazioni sono vere e quali false.**

Affermazioni	Vero	Falso
a. In molti paesi le emissioni di CO_2 stanno diminuendo, ma non in Cina.		
b. Il grafico analizza 5 fonti di CO_2, la più consistente è il carbone.		
c. L'unica fonte di CO_2 cresciuta rapidamente è il carbone.		
d. In percentuale le emissioni per l'uso del petrolio sono aumentate più che quelle per il gas.		
e. La produzione di cemento non causa l'emissione di CO_2.		
f. Il carbone viene utilizzato per la produzione di energia elettrica.		

B7. **Osserva con attenzione il grafico e disponi in ordine decrescente le percentuali di aumento di emissioni di CO_2.**

A. ____________________ D. ____________________

B. ____________________ E. ____________________

C. ____________________

B8. **Cosa significa che il gas naturale è considerato da molti come un "combustibile ponte"? (Riga 33). Quale caratteristica lo contraddistingue? Rintraccia l'informazione nel testo e scrivila nello spazio sottostante.**

____

____

B9. **Leggi con attenzione il paragrafo "GAS E PETROLIO". Individua le cause e gli effetti, inserendo le brevi frasi che trovi sotto la tabella.**

Causa	Effetto
a.	1.
b.	2.

– Maggiore quantità di gas bruciato.
– Il gas è meno costoso del petrolio.
– Aumento CO2.
– Il gas è sempre più richiesto.

B10. **Il testo afferma che ci sono evidenti disparità nel consumo di petrolio in molti Paesi del mondo, ad es. USA, Cina e India. Con quale esempio viene spiegata questa disparità? Rintraccia l'informazione nel testo e scrivila nello spazio sottostante.**

____

____

B11. **La decarbonizzazione è possibile? Indica quali provvedimenti sarebbero utili e quali inutili.**

Provvedimenti	Utile	Inutile
a. Aumento efficienza energetica		
b. Riduzione dei consumi di energia		
c. Aumento uso metano		
d. Aumento impiego CO_2 nell'industria alimentare		
e. Sostituzione dei combustibili fossili con fonti rinnovabili		
f. Diffusione dei veicoli elettrici		
g. Perfezionamento tecniche di estrazione dei combustibili fossili		
h. Perfezionamento delle tecnologie per la cattura e lo stoccaggio del carbonio		

B12. Quali Paesi stanno ottenendo risultati economici interessanti, pur riducendo le emissioni?

A. ☐ USA e Cina
B. ☐ India
C. ☐ Molti Paesi UE
D. ☐ Regno Unito e Danimarca

B13. Il contenuto del testo ha la funzione di:

A. ☐ esporre un punto di vista alternativo al titolo
B. ☐ informare, spiegando l'apparente contraddizione del titolo
C. ☐ informare il lettore a prescindere dal titolo
D. ☐ esporre al lettore la visione pessimistica dell'autore

Testo C (testo descrittivo)

Demenza digitale

Nel libro del neuropsichiatra Manfred Spitzer *Demenza digitale*, l'autore sostiene che l'uso massiccio delle nuove tecnologie sta mandando il nostro cervello in tilt. Ecco qui alcuni passi tratti dal libro tradotto in italiano nel 2013.

"Nell'ambito della neurobiologia una delle scoperte più importanti è che il cervello si modifica in maniera permanente *attraverso l'uso*. Percepire, pensare, sperimentare, sentire e agire: tutte queste azioni lasciano *tracce mnemoniche*. [...] Poiché il cervello impara sempre, anche il tempo trascorso con i media digitali lascia le sue tracce. [...] I numeri di telefono di parenti, amici e conoscenti sono salvati nel cellulare. Il navigatore satellitare ci indica il tragitto per raggiungere un certo luogo. Gli appuntamenti della vita professionale e privata sono inseriti nel cellulare o in una agenda digitale. Chi cerca informazioni va su Google; foto, lettere, e-mail, libri, musica sono nel *cloud*. Pensare, memorizzare, riflettere non costituiscono più la norma."

"Per sforzarci mentalmente dobbiamo *interagire attivamente* con l'ambiente."

"In passato i libri venivano *letti*, ora vengono scorsi, ovvero sfogliati velocemente. Prima si *scavava* in un argomento, oggi si naviga in rete (ovvero si scivola sui contenuti). [...] L'apprendimento presuppone un lavoro mentale autonomo: più a lungo e soprattutto in modo più approfondito si elabora un contenuto, meglio lo si impara."

"Le azioni che non vengono portate a termine sono ricordate in media due volte di più rispetto a quelle concluse (effetto Zeigarnik o cliffhanger). [...] Considerare come concluso un contenuto è dannoso per la memorizzazione. Archiviare un contenuto è una di queste attività."

"Elaborare le informazioni tramite il dialogo o la discussione è il modo migliore per approfondirle".

(Tratto da *Cittadinanza in azione*, a cura di Valentina Giuliani, La Spiga Edizioni)

C1. Il testo propone:

A. ☐ una selezione di passi del libro *Demenza digitale*
B. ☐ un'intervista al dottor Spitzer
C. ☐ una raccolta di pensieri tratti da varie opere del dottor Spitzer
D. ☐ una traduzione integrale del libro *Demenza digitale*

C2. La tesi sostenuta dal neuropsichiatra Manfred Spitzer può essere così riassunta:

A. ☐ le nuove tecnologie facilitano l'apprendimento
B. ☐ un utilizzo saltuario delle nuove tecnologie è dannoso
C. ☐ pc, tablet e social rendono il cervello umano più capace di interagire con gli altri
D. ☐ l'uso intenso delle nuove tecnologie è dannoso per il cervello

C3. Quale funzione svolge questo segno [...]? (Riga 6).

A. ☐ Introduce un discorso diretto
B. ☐ Sostituisce una parte di testo che è stata omessa (tagliata)
C. ☐ Introduce un discorso in diretto
D. ☐ Indica una pausa di riflessione dell'autore

C4. Qual è una delle scoperte più importanti nel campo della neurobiologia? Rintraccia l'informazione nel testo e scrivila nello spazio sottostante.

____

____

C5. L'espressione "tracce mnemoniche" (riga 6) significa:

A. ☐ buchi nella memoria
B. ☐ impronte (segni) nella memoria
C. ☐ minori capacità di ricordare eventi
D. ☐ ricordi molto approssimativi

C6. Nella terminologia informatica "cloud" (riga 11) identifica:

A. ☐ internet
B. ☐ un qualsiasi spazio di memoria
C. ☐ una tecnologia che consente l'archiviazione dati anche off line
D. ☐ una tecnologia che permette di elaborare e archiviare dati in rete

C7. Quali effetti provoca l'utilizzo delle nuove tecnologie? Indica se le seguenti affermazioni sono vere o false.

Affermazioni	Vero	Falso
a. Diminuisce la capacità di memorizzazione.		
b. Aumenta la capacità di concentrazione.		
c. Aumenta l'autostima.		
d. Aumenta la capacità di comprensione dei testi.		
e. Diminuisce la capacità di elaborazione personale delle informazioni.		
f. Genera apprendimenti più veloci e duraturi.		

C8. Secondo l'autore per "allenare il cervello" è necessario:

A. ☐ navigare in realtà virtuali
B. ☐ interagire attivamente con l'ambiente
C. ☐ abbandonare le nuove tecnologie
D. ☐ allenare le capacità di calcolo

C9. **Il "lavoro" mentale finalizzato all'apprendimento deve essere:**

A. ☐ autonomo e approfondito
B. ☐ prolungato
C. ☐ frammentato
D. ☐ autonomo e rapido

C10. **Quali sono gli effetti del dialogo e della discussione? Rintraccia l'informazione nel testo e scrivila nello spazio sottostante.**

____

C11. **L'intento comunicativo del testo è:**

A. ☐ informare il lettore senza esprimere valutazioni
B. ☐ esporre una tesi, un punto di vista
C. ☐ illustrare argomentazioni in modo divertente
D. ☐ pubblicizzare un testo di natura scientifica

C12. **Per risultare più efficace, l'autore si avvale di:**

A. ☐ un linguaggio colloquiale
B. ☐ paragoni col mondo animale
C. ☐ tabelle e schemi
D. ☐ esempi e paragoni tra passato e presente

LESSICO

D1. **Distingui le parole derivate da quelle non derivate, mettendo una crocetta dove ritieni opportuno.**

	Derivata	Non derivata
a. Promemoria		
b. Bisogno		
c. Bisnonno		
d. Procione		
e. Antiforfora		
f. Disonesto		

D2. **Individua nei seguenti elenchi la parola intrusa che non appartiene al campo semantico (area di significato) delle altre.**

Es. Padre, madre, zio, portinaio, cugino, cognato, figlio

A. Pioppo, fungo, quercia, larice, olmo, betulla, ulivo

B. Treno, automobile, motocicletta, trattore, nave, autobus, camion

D3. **Scrivi il contrario delle parole indicate, utilizzando il prefisso adatto (vedi esempio).**

	Contrario
Es. Giusto	
a. Logico	
b. Tipico	
c. Degno	
d. Orientato	
e. Mobile	
f. Articolato	

D4. **Ti proponiamo tre differenti definizioni che riconducono a un'unica parola: quale? (Vedi esempio).**

Es. **Def. 1** porzione di terreno agricolo
Def. 2 linea telefonica
Parola: campo

A. **Def. 1** asta delle navi a vela
Def. 2 nome generico delle piante
Parola: ________

B. **Def. 1** unità di misura utilizzata in poesia
Def. 2 direzione di marcia
Parola: ________

D5. **"Apriscatole" è una parola composta da:**

A. ☐ verbo + aggettivo
B. ☐ verbo + nome
C. ☐ avverbio + nome
D. ☐ preposizione + nome

D6. **Qual è la forma diminutiva del nome "porto". Scrivi nello spazio sottostante la risposta esatta.**

____

D7. **Indica tra quelli proposti il verbo che più si addice alla parola data.**

Un sogno

A. ☐ liberare
B. ☐ fornire
C. ☐ stabilire
D. ☐ interpretare

Un'emergenza

A. ☐ raccomandare
B. ☐ segnalare
C. ☐ definire
D. ☐ destinare

RIFLESSIONE SULLA LINGUA

E1. Leggi il seguente breve dialogo.

A. "Che ne dici della partita di ieri?"

B. "Mah, non saprei..."

La parola sottolineata è:

A. ☐ un avverbio
B. ☐ un'interiezione
C. ☐ una preposizione
D. ☐ una congiunzione

E2. Nella frase "Mi piace moltissimo passeggiare con te" il soggetto grammaticale è:

A. ☐ io (soggetto sottinteso)
B. ☐ te
C. ☐ passeggiare
D. ☐ mi

E3. Nei seguenti periodi ci sono proposizioni coordinate di vario tipo: metti una crocetta dove ritieni opportuno.

	Copulativa	Avversativa	Esplicativa	Conclusiva
a. C'era il sole, **tuttavia non faceva caldo**.				
b. Non capisco cosa fai **né cosa dici**.				
c. Oggi farò tardi a scuola, **infatti devo seguire un corso di recupero**.				
d. La pizza è pronta, **perciò sbrigati** altrimenti si raffredda.				

E4. Nella frase "Luigi è il ragazzo meno silenzioso di tutta la classe" l'aggettivo "silenzioso" è espresso con un grado di comparazione: quale?

A. ☐ Superlativo relativo
B. ☐ Comparativo di minoranza
C. ☐ Superlativo assoluto
D. ☐ Comparativo di maggioranza

E5. **Alcune parole del seguente elenco sono scritte in modo corretto, altre no. Sottolinea quelle scritte in modo scorretto e riscrivile nell'apposito spazio. Accanto a quelle corrette scriverai OK (vedi esempio).**

Es. innoquo = innocuo
cuocere = OK

a. collocuio = ____________
b. maniglia = ______
c. oglio = ______
d. qua = ______
e. acquerello = ______
f. accellerare = ____________

E6. **Nelle seguenti frasi sono presenti complementi di modo e mezzo/strumento: sottolineali e metti una crocetta dove ritieni opportuno.**

	C. modo	C. mezzo/strumento
a. Grazie al tuo aiuto abbiamo finito prima il lavoro.		
b. Spediscimi il pacco per posta.		
c. Non ricordo a memoria il numero di telefono di Lucia.		
d. Bisogna scegliere con cura il proprio medico di famiglia.		
e. Marco è tornato dalla gita con una fame da lupo.		
f. Attraverso studi di genetica, gli scienziati potranno trovare soluzioni per diverse tipologie di malattia.		

E7. **Qual è la corretta divisione in sillabe della parola "equatore"?**

A. ☐ equa – tore
B. ☐ equ – ato – re
C. ☐ e – qua – to – re
D. ☐ equa – to – re

E8. **Trasforma il seguente discorso diretto in discorso indiretto.**

Discorso diretto Antonio chiese: "dove sono le pinze?"
Discorso indiretto Antonio chiese ____________________

Il mio risultato:

Prova di comprensione del testo A	____/16
Prova di comprensione del testo B	____/13
Prova di comprensione del testo C	____/12
Lessico	____/7
Prova sulle conoscenze grammaticali	____/8
Punteggio totale	____/44

Ho trovato la prova:

☐ Difficile
☐ Più semplice di quanto pensassi
☐ Adeguata alle mie aspettative e capacità
☐ Altro ____________________